내방가사에 담은 宗婦의 行跡

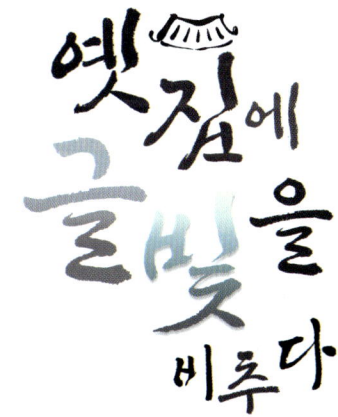
옛집에 글빛을 비추다

내방가사에 담은 宗婦의 行跡
옛집에 글빛을 비추다

지은이 | 최정숙

출간일 | 초판 1쇄
2021년 7월 1일

교정·교열 | 최문성
편집·디자인 | 박은화

펴낸이 | 최문성
펴낸곳 | 도서출판 달구북
　　　　　대구시 수성구 수성로54길 45, 1층(중동)
　　　　　T. 070-4175-7470 / 010-3771-0257
　　　　　M. picbook21@naver.com
　　　　　H. www.달구북.com | blog.naver.com/picbook21
　　　　　출판등록 제2016-000023호

ⓒ 2021, 최정숙

ISBN 979-11-90458-08-5(03810)

이 책은 저작권법에 따라 보호받는 저작물이므로 내용의 전부 또는 일부를
이용하려면 반드시 저작권자와 달구북 양쪽의 허락을 받아야 합니다.

내방가사에 담은 宗婦의 行跡

옛집에 글빛을 비추다

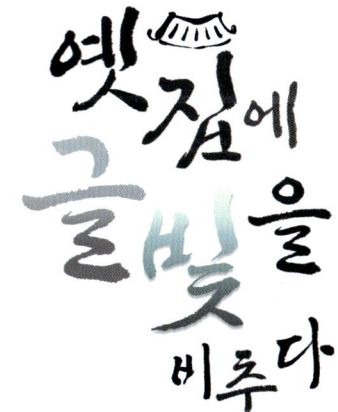

노송정 18대 종부
소현당 최정숙

달구북

책머리에

추억여행

경자년 설을 쇠자 코로나19라는 전염병이
예고 없이 세상을 꽁꽁 묶어 놓았다
눈에도 보이지 않는 미세한 바이러스가
처음에는 대구를 그다음엔 경북을
얼어붙게 하더니 어느새 온 나라와
전 세계를 꼼짝달싹 못하게 했다
조부님 기제忌祭를 종손과 단둘이 지내고
도산서원 춘향제도 서울에서 못 오시는
서원장 대행으로 노송정 종손이
주관하는 초유初有의 사태까지 벌어졌다
노송정을 찾는 손님들 발걸음이
이렇게 뚝 끊기기는 처음 있는 일이라
뜻하지 않게 맞은 세상과 단절된 시간은
일생을 여유 없이 살아오던 나에게
뜻밖에 넉넉한 시간을 선물했다
물이 맑으면 거울을 대신하듯
자신을 들여다보는 기회가 되었다

살아온 햇수가 칠십 년을 넘었고
노송정에 종부로 입문한 지도
어느새 오십 년이 다 되어간다
과학의 발달로 수명이 늘어난다 해도
사람의 생명이 유한함은 진리이니
남은 날 또한 점점 줄어들 것이다
할머니와 어머니께서 늘 하셨던 말씀도
시간이 지나며 점점 잊어 가는 것이 아쉬웠다
'총명이 무딘 글만 못하다.'는 말이 있듯
말은 세월 따라 흩어지면 흔적도 없지만
부족한 글이나마 기록으로 남겨두면
먼 훗날 눈 밝은 후손이 할머니를
생각하게 될 때 유용하리라 여기고
교과서보다는 참고서의 의미로
이 글이 읽혀지기를 바랄 뿐이다

　　　　　　　　　　　소현당 최정숙

추천의 글

이번에 출간된 《옛집에 글빛을 비추다》의 저자 최정숙 여사(74세)는 경상북도 안동시 도산면에 위치한 노송정老松亭 종택의 18대 종부宗婦다. 종부는 고색창연한 전통 종가에 젊은 나이에 시집와서 자신이 겪은 50년 소중한 경험을 내방가사라는 옛글 형식으로 엮어나간다.

종부가 살고 있는 노송정 종택은 그저 오래된 종가가 아니라 퇴계 선생이 태어나신 집, 즉 퇴계태실退溪胎室이다. 선생의 조부(노송정 이계양)께서 조선 초(1454년)에 지으신 거의 600년 된 고색창연한 국가문화재다. 오래된 집이라는 것보다 노송정 종택의 더 큰 가치는 구석구석 스며있는 감동적인 스토리가 아닐까 생각된다. 조부는 수양대군이 일으킨 계유정난癸酉靖難과 이어진 사건을 불의로 간주하고 불사이군不事二君의 충절을 지키기 위해 30세의 젊은 나이에 벼슬奉化訓導에서 물러난다. 일선에 근무하는 젊은 공직자로선 결코 쉬운 일이 아니다.

그리고 굶주린 스님을 구휼한 보은으로 그가 일러준 터에 이 집을 짓는다. 이어, 왕복 서너 시간 떨어진 국망봉 정상에 단을 쌓고 단종의 배소配所 영월을 향해 매월 망배望拜를 올리며 절의를 지켜나갔다. 당시로서는 발각되면 큰일을 치르게 되는 일이다.

조부는 자녀 교육에도 열과 성을 다했다. 지금도 노송정 기둥에는 두 아들(퇴계의 부친과 숙부)의 학업을 면려勉勵하는 사랑이 듬뿍 담긴 그의 시가 주련柱聯으로 자리하고 있다. 이런 가풍 속에서 숙부(송재 이우)와 넷째형님(온계 이해)의 과거 급제에 이어 대학자 퇴계가 배출되었던 것이다. 적선지가積善之家에 필유여경必有餘慶이라고 하지 않던가.

이밖에도 종택에는 우리 마음을 뭉클하게 하는 현장이 많이 눈에 띈다. 모친께서 공자가 들어오는 태몽을 꾸고 선생을 잉태하였다하여 대문에 성림문聖臨門이라는 현판이 걸려 있다. 안채로 들어가면 퇴계 선생이 태어난 방 앞에 퇴계선생태실退溪先生胎室이라는 커다란 글씨가 마음을 숙연케 한다. 이렇게 유무형의 문화유산이 무진장으로 많으니 예나 지금이나 찾는 이가 줄을 잇고 조상 제사도 연중 끊어지지 않는다. 필자도 도산서원 내방객과 선비문화수련원의 수련생들을 안내하며 자주 찾는 곳이다.

칠십을 넘긴 종부가 양 어깨에 짊어진 짐이 얼마나 무겁겠는가. 그런데도 매사 긍정하며 늘 미소를 머금고 모두를 따뜻하게 맞이한다. '아! 종부는 하늘이 내린다고 하던가.' 여느 사람과 너무 다르다고 느껴진다.

본 내방가사는 이처럼 매우 특별한 콘텐츠를 간직하고 살아가는 종부가 남다른 문학소질로써 풀어나간 작품집이다. 마치 숙성한 누에고치가 비단실을 뽑아내듯이.

우리 전통문화의 꽃, 종가문화가 급격하게 변화하는 이 시대에 종부의 내방가사는 매우 귀중한 한류 문화 자산이기도 하다. 많은 분들의 애독을 권한다.

2021년 2월
도산서원 원장 · 선비문화수련원 이사장
김병일

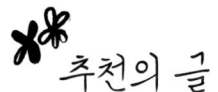 추천의 글

　眞城李氏 老松亭 宗家 18대 종부인 崔貞淑 여사가 종부 생활을 중심으로 자신이 겪은 50여 년의 소중한 체험을 내방가사로 엮은 《옛집에 글빛을 비추다》의 출간을 우리 진성이씨 대종회 종원들과 함께 진심으로 축하드립니다.

　저자인 최정숙 종부님은 천성이 곱고 아름다우시며 永川崔氏 法山門中 宗女로서 어릴 적부터 예절과 부덕을 배우고 쌓았으며 진성이씨 노송정 18대 종손인 李昌建 교수와 결혼하여 종손과 함께 봉제사 접빈객 奉祭祀 接賓客을 모범적으로 수행하며 노송정 종가에서 내려오는 예절, 제례, 음식문화를 시대에 맞게 발전시켜 진성이문은 물론 많은 사람으로부터 칭송을 받는 분입니다.

　최정숙 종부님은 농진청이 주관하는 행사에서 전국의 12개 종가 종부님들과 협의하여 각 종가에서 대대로 내려오는 전통음식의 세계화에 크게 이바지함은 물론, 대구경북 종부회 회장을 역임하였으며 사단법인 박약회 대구지부 여성회를 이끌며 동호인들과 함께 내방가사의 맥을 잇는 활동도 열심히 하고 있습니다.

　가사집 《옛집에 글빛을 비추다》를 전국의 많은 분이 애독하시기를 권하면서 다시 한번 귀중한 책 출간을 축하합니다.

2021년 6월

眞城李氏 大宗會 會長

李京洛

노송정 老松亭

안동 진성이씨 온혜파 종택 _퇴계선생태실退溪先生胎室

국가민속문화재 제295호 (2018.11.1)

　노송정 종택은,
1454년(단종2년)에 지어진 560년이 넘는 고택으로 퇴계 선생과 관련된 많은 역사를 지니고 있다. 1501년 11월, 대현大賢이 이 집에서 태어났다고 하여 '퇴계선생태실退溪先生胎室'이라 부르게 되었다.

　대문인 성림문聖臨門을 들어서면 정면에 보이는 노송정 정자(대청) 좌측에는 퇴계태실이 있는 특이한 구조의 본채, 우측에는 사당채가 있으며 전체적으로 조선시대 사대부집의 형태를 갖추고 있다.

　노송정은 퇴계 선생의 조부이신 증이조판서贈吏曹判書 이계양李繼陽공의 호號이기도 하다. 공은 성균진사 시, 수양대군이 조카인 단종을 폐위시키려던 계유정난癸酉靖難을 겪으며 초야에 은거하고자 온혜에 터를 잡고, 정자 앞에 노송 한 그루를 심고 세한후조歲寒後凋의 지조를 즐기셨다.

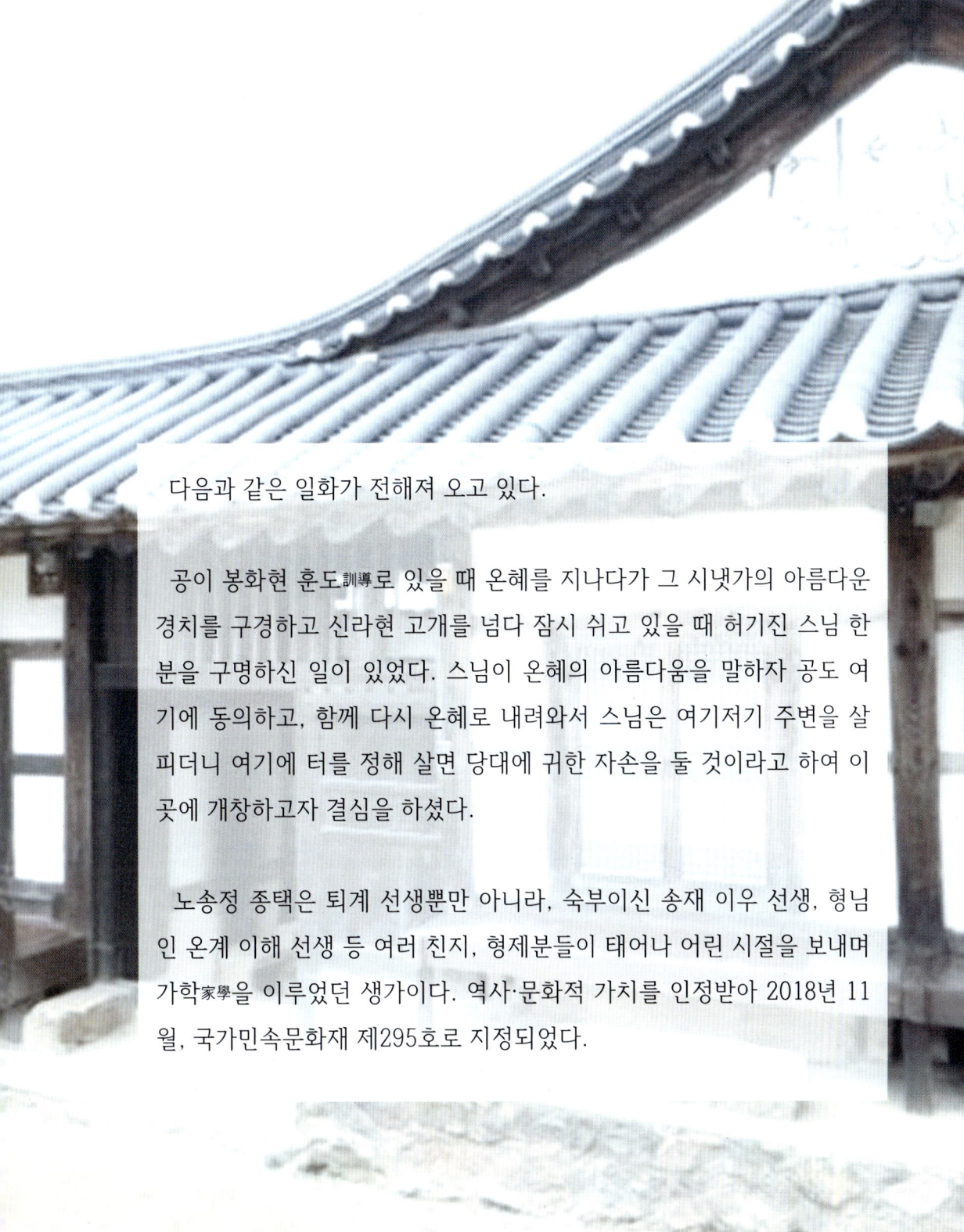

다음과 같은 일화가 전해져 오고 있다.

　공이 봉화현 훈도訓導로 있을 때 온혜를 지나다가 그 시냇가의 아름다운 경치를 구경하고 신라현 고개를 넘다 잠시 쉬고 있을 때 허기진 스님 한 분을 구명하신 일이 있었다. 스님이 온혜의 아름다움을 말하자 공도 여기에 동의하고, 함께 다시 온혜로 내려와서 스님은 여기저기 주변을 살피더니 여기에 터를 정해 살면 당대에 귀한 자손을 둘 것이라고 하여 이곳에 개창하고자 결심을 하셨다.

　노송정 종택은 퇴계 선생뿐만 아니라, 숙부이신 송재 이우 선생, 형님인 온계 이해 선생 등 여러 친지, 형제분들이 태어나 어린 시절을 보내며 가학家學을 이루었던 생가이다. 역사·문화적 가치를 인정받아 2018년 11월, 국가민속문화재 제295호로 지정되었다.

■ 차 례

1장 노송정老松亭, 역사의 숨결

017 노송정 식구 되어
022 노송정의 가르침
029 노속주老粟酒 _노송정 가양주
033 노송정 국가문화재 승격 기념가
037 불천위不遷位 제사 편 괴기
043 경자년 조부님 기제忌祭
049 조상님을 찾아뵙다

2장 종부宗婦, 삶의 노래

066 종부 소회가
074 길사吉事 _진정한 종부가 되다
080 흰옷이 익숙했던 시절
083 고부姑婦 _시어머님의 '고맙다'는 한 마디
090 고부 간에 오간 편지

3장 친정親庭, 그리움의 조각

104 우리 어매 전상서
114 우리 아배
120 친정아버지 제문祭文
127 작은아버지 영전에 올립니다
131 그리운 언니
134 오암서원鰲巖書院
137 외갓집 가는 길

4장 일일신 日日新, 사람의 향기

나는 인복이 많은 사람　144
여중군자 강독회　151
박약회와 내방가사　159
종가 포럼 forum　163
민망하고 장한 일들　168

5장 우일신 又日新, 나눔의 행복

경부회　176
밥솥 들고 떠난 나라 밖 여행　179
나를 키운 봉사활동　186
건강검진과 코로나19 검사　193
늙음이 주는 편안함　198
추수 끝난 들판처럼　202

6장 헌사 獻辭

노송정의 종부는 | 여울 권순자　210
노송정 종부 헌사 | 혜완 장향규　212
소현당 선생님께 | 한들 권숙희　215
어머니를 생각하며 | 큰아들 치헌　218
어머니 감사합니다 | 작은아들 치주　221

1장

노송정 老松亭

역사의 숨결

노송정 식구 되어

병풍 같은 대숲이 집 뒤로 둘러쳐진
성주 법산 죽헌(최항경) 선조 십삼대 손으로
집안이 원치 않는 여아로 태어났으나
이십 수년 엄부자모嚴父慈母 사랑 듬뿍 받고 자라
팔달교를 처음 넘어 온혜로 신행新行 가니
산 첩첩 물 첩첩 낯선 땅에 노송정老松亭
내게 온 그 세월을 한시인들 허비하랴

철도영도 모르던 새댁시절 생각하니
잘한다는 칭찬 속에 엄벙덤벙 하면서도
주신 칭찬 헛되잖게 친정에는 누 안 되게
다달이 빠짐없이 다가오는 기제사忌祭祀며
밤낮을 안 가리는 빈번한 손님 접대
두 살 터울 육 남매 혼인 잔치 버거워도
전심전력 혼신의 힘을 다해 살아왔다

시동생네 득남하면 작명하여 보낸 일과
사월 열하루 시조부님 생신잔치 준비하며
노령이라 혹시라도 마지막이 될까 싶어
잘 해야 되겠다는 압박감은 가득한데
손님들은 오래 묵어 찬거리가 떨어지면
뒷밭에 난 풀이라도 베어 삶아 무쳐 낼까
어린 맘에 이리저리 궁리하던 나날들이
주마등처럼 희뜩버뜩 스쳐서 지나간다

후덕하신 시어머님 오랜 병 수발 끝에
천수를 다하시고 삼년상을 마친 후에
노송정에 들어와 안팎살림 일을 하며
마당가에 잡초를 뽑다 날 저물어 들어오면
'이 밤이 빨리 새야 저 풀마저 뽑을 텐데.'
체력은 생각 않고 일 욕심만 가득할 때
이웃집 재산 형님 진심으로 걱정하며
"이 사람아 한 농군도 이 방낮(대낮)에는
일 안 하네."하며 만류하신 일

노송정, 역사의 숨결

반송나무 정원수를 무리하게 전지하다
손마디 굽어가며 가꾸어낸 이 터전
시조부님 부음訃音 받고 통장에 잔고 없어
동건 아젬 도움받아 이백만 원 빌려와서
황망 중에 정신없이 구일장을 치르던 일
수입보다 과한 지출로 경제가 어려울 때
내 마음을 읽어내고 숨통을 틔워 주던
바로 위 울산 언니 중병으로 고생할 때
살뜰하게 주고받은 자매의 정 생각나고
친정엄마 병이 깊어 우리 집에 모실 때
시어머님 팔을 다쳐 갑자기 모셔오니
거동 불편한 친정엄마 시어른을 우선하라
그 밤으로 한사코 떠나시던 뒷모습에
딸 된 죄가 이런 건가 가슴 치며 울었던 밤

큰아들 치헌이 초등학교 입학하고
십오 년 장기근속 상까지 포기하며
십사 년 육 개월 만에 공무원 퇴직하고
우여곡절 아들 학업 바라지를 하고 보니

기숙사비 입학금이 한 푼도 부담 없는
카이스트 입학하여 더 큰 보람 있었다네
1999년에 남편이
2004년에 큰아들이
2010년에 큰며느리가
2012년에 둘째아들까지 박사학위 받고 보니
어렵고도 긴 가족 학문 바라지 끝나고
이제 보니 우리 집에 나만 빼고 다 박사네
청량산 육륙봉이 풍광이 좋다하여
하많은 관광객이 줄이어 다녀가나
산아래 둥지틀고 수십 년을 사는 나는
송아지 제 형 보듯 하며 살아왔네

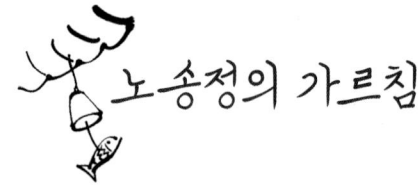
노송정의 가르침

옥루무괴屋漏無愧 _떳떳함

노송정은 국가민속문화재 제295호이다
노송정에 높이 걸린 빛바랜 편액에는
'옥루무괴屋漏無愧'라는 글귀가 적혀있다
육백 년간 전해 온 가훈家訓인 셈이다
시경詩經에 나오는 문구에서 따 왔는데
'서쪽 외진 방에 혼자 앉아 있더라도
부끄러움이 없도록 하라.'는 뜻이다
가훈을 잘 따른 덕인지 자손들은
농담이라도 거짓말을 하지 않는다
어디를 다녀왔는지 누구를 만났는지
물어보지 않아도 일일이 고告한다

屋漏無愧

先祖老松亭府君之遺訓

眞城李氏 溫惠宗孫 昌建 謹書

詩傳大雅抑篇에 相在爾室 한데도 尚
不愧于屋漏 니라 하여 屋漏 즉 집의 西北
쪽 모퉁이로 남이 보지 않는 구석진 곳에서
도 나쁜짓을 하지 않아 부끄러움이 없다는 뜻

종손이 쓰고
종부가 동양자수 놓다

개문開門 _대문 열어두기

노송정은 예로부터 대문을 안 잠근다
지나가는 손님이든 찾아오는 손님이든
목마르면 물 마시고 시장하면 요기하고
부담 없이 들렀다 가실 수 있으라고
예전에는 집 비울 일이 거의 없었지만
둘만 사는 요즘에는 사정이 좀 다르다
볼일이 자주 생겨 집을 비울 때에도
대문을 열어두는 것이 보통 일인데
더러는 손님들이 안방 문을 열어둬서
요즘은 어쩔 수 없이 방문은 잠근다

접구接口 _손님접대

봉제사奉祭祀 다음으로 중요한 일 접빈객接賓客
'내 집 대문 넘어서 들어온 손님을
빈 입으로 보내지 않는 것' 또한
오랫동안 내려온 노송정의 인심이다
한 끼의 식사라도 대접함이 당연하나
형편이 여의치 않으면 한 모금 냉수라도
목을 축여 보내라는 전통이다

어느 날 갑자기 단체로 온 관람객이
예고 없이 들이닥친 일이 있었는데
몇 분이 정자에 앉아 가지 않고 있었다
왜 그러고 계시는지 다가가서 물었더니
TV에서 보았다며 손님으로 음식 대접
받을 때까지 기다린다고 했다
맙소사, 관광객이 많이 찾는 요즘에는
간혹 형편에 따라 접구接口의 예를
다하지 못할 수도 있습니다

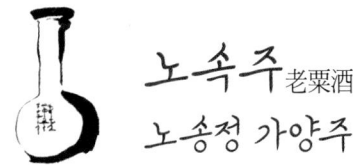

노속주 老粟酒
노송정 가양주

2020년 초 '안동소주'에서 연락이 왔다
몇 년 전 종가 포럼 행사에 출품했던
우리 집안 가양주 좁쌀청주에 대해서다
그때 맛본 사람들의 입소문을 듣고
노송정의 특별한 좁쌀술을 활용하여
현대적 시설을 갖춘 안동소주 회사에서
좁쌀소주를 제조해 보겠다는 것이었다

옛날 안동에는 쌀보다 좁쌀이 흔했다
논이 귀한 산골이니 당연한 일이었다
좁쌀술은 우리 부부 혼인할 때에
사성四星과 함께 온 물목物目에도 있었고
신행 후 닷새 만에 첫 근친覲親 갈 때
시어머니께서 챙겨 보내신 음식 중에도
정성떡과 고기와 같이 들어 있었다

귀한 쌀로 술을 빚을 형편이 안 되니
그 시절에 흔했던 좁쌀주를 빚었으리

불천위不遷位 제사나 설 추석 명절 준비에
제일 먼저 시작하는 일이 제주祭酒 준비였다
그 시절에 제일 따신 안방 구들목은
이불을 덮어쓴 술 항아리 차지였다
쌀을 적게 하고 좁쌀을 많이 넣어 (3:7)
고두밥을 찐 다음 누룩 섞어 술을 빚는다

시조모님 지극정성 전전긍긍 보살핌 중
하루 이틀 날이 가면 단지에선 뽀글뽀글
좁쌀술 익어가는 소리와 향이 난다
술향을 맡으며 취하기도 했으리라
술 익는 소리가 청아할수록 술맛이 좋다
항아리 가장자리에 맑은 술이 생기면
용수 박아 청주 떠서 제주로 귀하게 쓰고
나머지는 두세 번씩 물을 섞어 체에 밭쳐
제관이나 일꾼들의 먹거리로 쓰인다

옛날에는 술찌게미도 사카린을 섞어서
간식으로 배고픔을 달래기도 했었지

근년에는 쌀값보다 좁쌀값이 훨씬 비싸고
들에서는 조밭 구경하기도 쉽지 않다
좁쌀은 또 쌀보다 수분 함량이 적어서
재료의 양에 비해 술도 적게 나온다
좁쌀이 귀하니 찹쌀 비율을 높여
찹쌀과 좁쌀을 7대 3의 비율로 한다
고두밥을 찌고 누룩 섞어 발효시켜
술을 담아 그 술을 밑술로 한 다음
덧술을 한 번 하면 17도 정도의 청주가 되고
청주를 또 증류하면 25도 이상의 소주가 된다

어렵사리 좁쌀을 한 가마니 구해 주고
몇 달을 기다렸더니 드디어 소주가 나왔다
삼부자와 며느리가 머리 맞대 작명한
노속주老粟酒라는 이름표를 붙였다
노송정을 나타내는 잘 익을 노老 자와

좁쌀을 나타내는 속粟 자를 썼다
지인들 모임에서 술맛을 보였더니
하나같이 뒷맛이 좋다는 평을 한다

조모님의 조모님도 그 윗대 조모님도
대대로 술을 빚어 제주로 올리셨으리
술 빚는 과정이 복잡하고 힘들며
장기간 보관이 어렵다는 핑계로
가양주의 맥이 끊길까 걱정도 했는데
앞으로 자손대대 노속주를 제주로
쓸 것이라 생각하니 종부로 살아가면서
한 가지 숙제를 해낸 것 같아 뿌듯하다

노송정 국가문화재 승격 기념가

뒷산에서 불어오는 귀에설던 솔바람도
반백년을 듣고보니 조상님의 숨결인양
아늑하고 평화롭게 느껴지는 때가왔네

직장따라 대구에서 생활하던 삼십여년
크고작은 종가소임 밤낮없이 동동촉촉
시시때때 정성다해 수행해온 종부소임
조상님의 음덕기림 소홀함은 없었던가
다녀가신 손님들께 부족함은 없었던가
봉제사와 접빈객을 마음속에 새기고서
자손낳아 고이길러 사회교육 힘쓰면서
선대부터 물려받은 몸에익힌 충효사상
욕됨없이 살아내려 하루하루 애썼으나
돌아보면 미흡하고 부족했던 일뿐이고
소용돌이 역사속에 굽이굽이 겪어내며
육백년을 변함없이 한자리에 우뚝서서

대대손손 자긍심을 심어주던 온혜종가

손에설던 안살림이 나도몰래 익었는지
종가포럼 전시장에 차려올린 퇴계밥상
거친밥에 나물반찬 소박하신 선조밥상
방문하신 손님들은 면면각각 감탄사라
자랑스런 우리조상 퇴계선생 일상에서
검소하신 생활실천 몸소행해 보이시며
무언으로 오륜행실 청렴으로 살으셨네

오백년의 세월가도 그가르침 빛이나니
종가중의 종가로서 자리매김 하였지만
성현께서 태어나신 자랑스런 노송정이
문화재로 지정된건 일천구백 팔십오년
경북민속 제육십호 도문화재 지정받고
삼십삼년 세월흘러 정유년 십일월에
국가민속 제295호 문화재로 승격되니
가문에는 영광이요 후손들은 기쁨이라

날을정해 사당에서 노송정사 국가지정
문화재의 고유문을 선대전에 올렸으니
늦은감은 있지마는 후손으로 생각하니
자긍심이 솟아나며 온혜종가 자랑이요
이나라의 보물되니 감개무량 경사로다

수백년을 이어내린 자랑스런 노송정은
시속세월 흐를수록 값어치를 더하는데
소박하고 간절한맘 소망하나 더한다면
숭조이념 애국정신 유가법도 계승하여
이름높은 노송정의 분에넘친 종부자리
초심으로 돌아가서 최선다해 전해보리

노송정에 입문하여 일흔나이 넘긴여인
국가민속 문화재된 대청마루 올라서서
지금까지 돌봐주신 조상님전 묵념하니
감사한맘 가슴뭉클 조상님의 음덕이요
그정신을 계승함은 후손들의 몫이로다
대소사에 빠짐없이 참여하신 집안어른
지척에서 돌봐주신 고마우신 일가분께
진심으로 감사인사 필로적어 전하면서
대소문호 창대하길 두손모아 기원하며
두서없이 적었으니 고이하다 말으소서

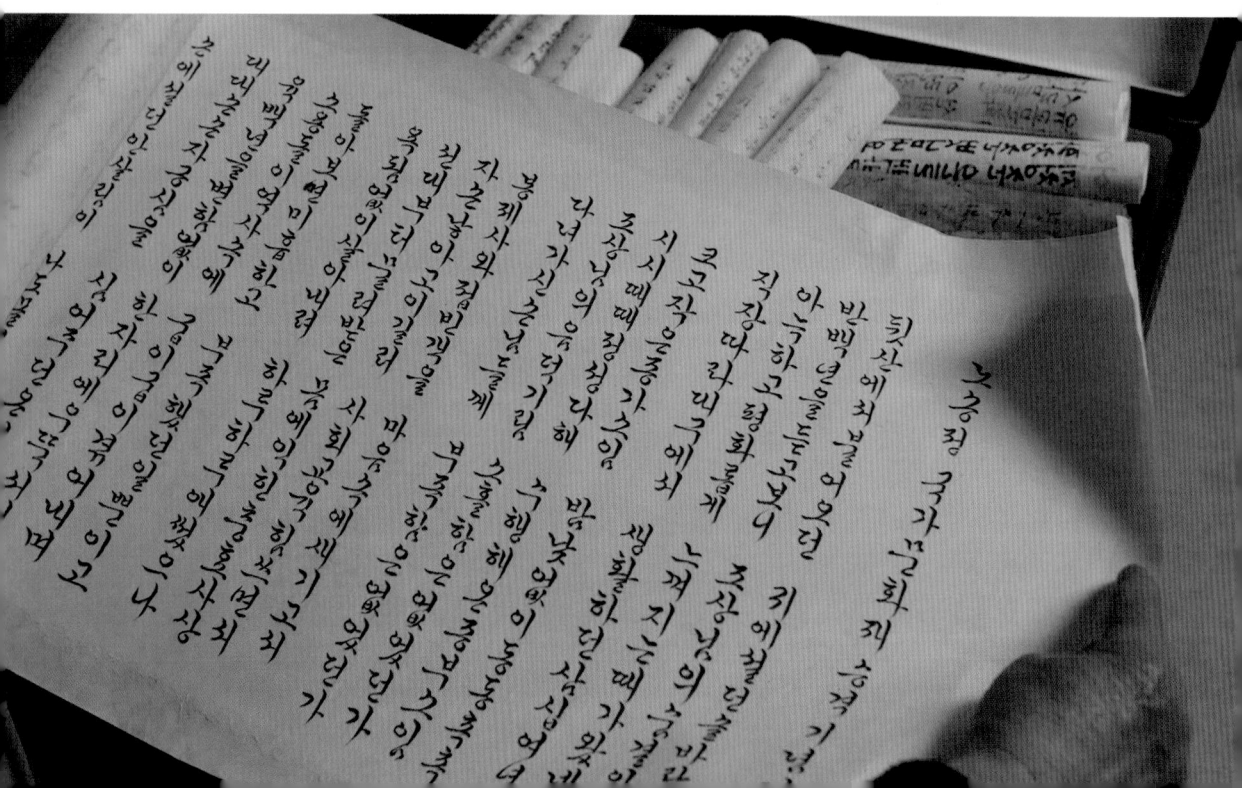

불천위不遷位 제사 편 괴기

오월 보름날은 불천위 고위제사
구월 열여드레는 불천위 비위제사
시월 초사흘 수곡회전 네 위와
시월 초나흘 오미회전 여섯 위는
문중에서 치르는 중요한 연중행사

사오십 년 전에는 단오, 유두, 칠석, 동지
절후마다 빠짐없이 차사茶祀를 지냈으나
요즘은 절후차사를 대부분 생략하고
불천위 제사, 기제사, 회전과
설, 추석에만 차례를 지내는데
삼 년 전부터 기제사는 고위, 비위 합설이다
소박한 제상차림은 선조님의 유훈遺訓이다
특히 비싸고 귀한 재료가 필요하고
손이 많이 가는 유밀과油蜜果를 금하셨다
유밀과 구하기가 쉬워진 요즈음은

굳이 옛날처럼 차리지는 않는다

한 달에 두 번도 돌아오던 제사가
반 넘게 줄었으니 일은 줄어 편해져서
한편으로 고마우나 한편으론 죄스럽다
차린 음식은 조상님이 응감應感만 하시고
그대로 두고 가시니 몇 날 며칠이나
먹거리가 풍성하여 이웃과 동기 간에
음식을 나누며 정을 낼 수 있지 않은가
사람들이 왜 제사를 부담스러워하는지
때로는 의아한 생각이 들기도 한다

정성이 많이 드는 제물로는 편編이 으뜸이다
제사에서 기본이 되는 떡은 시루떡이다
그래서 시루떡을 본편本編이라고도 한다
예전에는 멥쌀 아홉 되에 찹쌀 한 되를 섞어
깨끗이 씻어 불려 빻아 체에 내린 후
무쇠 가마솥에 시루를 얹어 안친다
시루떡 고물로는 전주나 콩고물을 쓰는데

전주 고물은 거피去皮한 녹두를 말한다
시루떡을 찔 때는 김이 새지 않도록
시루와 솥 사이 번을 두르고 뜸을 들여야 된다
쪄낸 떡은 정사각 편틀에 괴는데
쌀 한 말로 쪄낸 시루떡을 괴면
대략 스물다섯 켜가 올라간다
본편 위에 웃기로 한 단씩 올리는데
웃기떡은 여러 가지 잔편을 이른다
낱낱이 만들기에 손이 많이 가는 대신
색이 곱고 맛이 좋아 인기도 으뜸이다

일곱 가지 잔편은 찹쌀 서 되 멥쌀 한 되로 하는데
볶은 콩가루를 고물로 쓰는 경단
속 넣은 경단에 대추로 모양낸 부편
석이버섯과 대추 밤을 고물로 쓰는 잡과편
봄에 채취한 송기를 말렸다 쓰는 송기송편
검은깨를 볶아 굴린 경단으로 깨구리떡
대추 석이로 장식해 기름에 지진 전
반달로 빚어서 들기름에 지진 조약은

여럿이 둘러앉아 정성 들여 손으로 만든다
웃기떡으로 아홉 가지를 할 때는
여기에 모시떡과 쑥구리를 더한다

모든 떡은 정사각형 편틀에 괴는데
높이 괴다보니 고난도 기술이 필요하여
솜씨 있는 사람이 주로 맡아서 한다
본편을 괼 때에는 층이 올라갈수록
자연스럽게 조금씩 넓게 벌어지면
자손이 잘된다는 속설이 있다

오월 불천위 고위제사 입제일에는
모내기가 한창이라 모두가 바쁘다
편틀을 담당했던 솜씨 좋은 삼계 어른이
모심기를 하다말고 둥둥 걷은 차림으로
허둥지둥 들어와 괴는 모습이 안타까웠다
시집온 이듬해부터 내가 직접 떡을 괴어
보겠다고 하니 아무나 못 할 일이라며
모두 우려했지만 내가 한번 괸 후로는

매번 떡틀 괴는 일은 내 몫이 되었다
그 시절만 하여도 먹거리가 귀하고
제관祭官도 많아서 한 말 떡을 음복飮福해도
아기 손바닥 크기의 본편 한 조각과
네 토막으로 잘게 썬 웃기떡이 돌아갔다
세월이 변해서 근년에는 쌀 여섯 되로
방앗간에서 본편을 쪄 와서 편틀에 괴면
열세 켜 정도 되고 웃기는 직접 해 얹는다

경자년 조부님 기제忌祭

이월이라 초하루는 진성이씨 노송정파
십육대 종손이신 범字교字 할아버님
기제일이 도래하니 생전에 주신사랑
새롭게 떠올리며 제물준비 하는중에
중국땅 우한武汉에서 예고없이 발생한
전염병 코로나19가 경북대구 만연하여
사람이동 자제하란 방역본부 당부아래
대한민국 대구경북 스스로 발묶었네
하루하루 더해가는 확진자와 사망자들
뉴스마다 재난상황 시시각각 방영되니
먼훗날 역사에도 길이남을 재앙이라

서울사는 시삼촌님 연로하여 못오시네
대구사는 시동생들 칩거하고 오지마소
아들손자 증손고손 정환이네 형제들도
감염될라 손사래로 귀향을 물려놓고

우리내외 단둘이서 제상앞에 꿇어앉아
손자는 헌관獻官하고 손부앉아 축관祝官하니
유세차 독축소리 수백번 듣고들어
귀에는 익었으나 읽기는 처음이라
할아버님 영혼앞에 어색하고 죄스럽다

삼십칠년전 계해년 구십세에 운명하셔
황망히 구일장을 치르던일 생각나네
조부님대 육남매분 아버님은 칠남매분
우리대에 육남매로 번창한 집안이라
사가손님 향내유림 근원거리 문중손님
끊임없이 밀려드는 수많은 손님들에
노송정집 사랑채가 차고도 넘쳐나서
온동네 사랑방에 나누어 모시면서
소를잡아 손님접대 태산같은 음식준비
외상겸상 수도없고 끝도없이 차려낼때
사랑채 마루저쪽 멀찌감치 계시면서
종종걸음 내모습을 애잔하게 바라보던
설핏비춘 친정아배 자애로운 깊은마음

십수년전 신행방에 나를두고 떠나시며
여공범백 신신당부 하려하나 목이잠겨
단한말씀 못하시고 일어서던 그모습을
가슴으로 가늠하며 힘겨움을 견뎠었네
그때에는 어찌그리 유별나게 추웠던지
정성들여 상차리나 밥상위에 반찬접시
살얼음판 상위에서 수저함께 썰매타네
조석으로 상식차려 상청에 올리고서
시고모님 곡소리는 애끓어 숙연한데
철없는 이손부는 얼어부푼 손녹이려
잠시잠깐 아궁이앞 쪼그리고 앉아서
죄없는 부지깽이로 장작불을 들쑤셨네

돌이켜 생각하면 주마등 같은세월
할아버님 할아버님 혼인한지 일년만에
태산같은 막중한 열세번의 기제사를
철모르는 이손부 어찌믿고 맡기셨나요
객지사는 증손자가 온단기별 있을때는
한시바삐 보시려고 사당뒷산 오르셔서

환한미소 지으시며 헛그놈참 하셨지요
매일아침 수곡들러 큰산소 둘러보고
솔잎한줌 손수따서 손에들고 들어오셔
창칼로 송송썰어 생수함께 드시면서
평소에 건강관리 잘하시던 할아버님
팔십삼세 되던해에 백내장 진단받고
고령이란 이유로 수술못해 드린일등
분에넘친 자애받고 효도한일 기억없네

할머님께 손자살림 구경시켜 드리려고
열두식구 대구에서 사대합가 생활할적
할머님이 손가락을 다치셔서 피흘릴때
무망중에 들쳐업고 병원치료 받고오니
따스하신 눈빛으로 대견하다 하셨지요
평소인품 높으시니 동네사람 시비일어
판사되어 주시기를 면면하소 받으셔도
완곡하게 양쪽심사 모두무마 하셨지요

노환으로 듣기도 보시기도 어려울때

우리고부 번갈아 조석수발 해드리면
용하게도 치헌애미 알아보아 주셨지요
경자년 올해에는 세계적인 전염병이
별스럽게 유난떨어 시조부님 기제사를
단둘이 모시자니 죄스러움 가득하여
손부의 소회를 몇자적어 남깁니다

조상님을 찾아뵙다

산소 순례

이 시대 사람들은 건강유지 방편으로
하루에 만보걷기 유행이라 말하는데
코로나19 사태로 나들이가 제한되니
이 기회에 조상님의 산소 순례 계획했다

하루는 수곡 계신 조부님 산소를
다음날엔 앞산골 증조부님 산소를
그다음엔 효잠 계신 고조부님 산소를
십팔 대 조부까지 삼십여 위位 산소가
반경 5킬로미터 이내로 가까워서 좋다
우리 내외 차례대로 조상 산소 둘러보며
나는 나중 어디에 묻혀질까 생각해 본다

용수골 부모님 산소

촌수 따라 순서대로 시부모님 계신 곳
용수골을 가자 하면 편도가 십리 거리
왕복하면 넉넉잡아 만보가 될 것이다
인적 드문 산길이라 길을 막고 쓰러진
소나무를 지나니 여름 잡초 무성하여
어디가 길인지도 분간하기 어렵더라

이승에서 이십 년도 함께 못한 시부모님
땅골 계시던 아버님과 어머님의 합장合葬으로
사별한 지 사십 년 만에 한곳으로 모시어
양지바른 봉분으로 다정하게 지내신다
땅을 물고 기며 절며 산소까지 당도하니
다행히도 봉분이며 묘역 잔디 깔끔하다

삼색 과일 떡 한 접시 술 한 잔을 올린 후에
사배하고 엎드려서 삼십여 년 동고동락
어머님의 생전 모습 떠올리니 목이 멘다

법이 정한 가족으로 시집살이 윗대 선배
어머님의 선한 인품 심신으로 받자옵던
지난 세월 회고하며 우리 내외 마주 앉아
상석 위에 음식 접시 내려놓고 먹고보니
부모님 전 올렸다가 절한 뒤에 다 먹는걸
요즘 사람 제사 기피忌避 그 이유를 모르겠다

오르던 길 뒤로하고 등성이로 돌아오니
솔향 가득 산도 좋고 공기 또한 더욱 맑아
건강관리 최적이니 조상 덕이 아니던가
삼십 년 전 오미골에 시월시사 지낼 때에
어머님도 동행하여 양지 쪽에 모셔놓고
산소마다 참배하고 도시락을 먹으면서
선대 조상 얘기하던 나들이도 생각난다

수곡 조부모님 산소

집 가까운 곳 계시는 조부모님 산소는
조부님을 먼저 모시고 비석을 세울 적에
등 너머 홀로 계시던 조모님을 합장했다
못골 시고모부님과 양동 시고모님께서
아배 어매 합장으로 다정하게 모시자고
의논 분분하던 일이 기억으로 생생하다

철모르는 손부를 태산같이 믿으시며
십수 년을 함께 하신 자애로운 할아버님
살아생전 좋은 글을 많이도 남기셔서
할아버지 유고遺稿를 차곡차곡 정리하여
올 초에 출간한 문집을 올리고 보니
할아버님 가신지 삼십칠 년 되었지만
기억 속에 여전히 생생하게 계시는데
소나무가 우거지고 그늘이 짙어져서
잔디가 부실하고 도리석은 틀어졌다
봉분 위에 잔디도 톡톡하게 새로 입히고

도리석도 재정비하여 반듯하게 세웠다
자손 된 도리로 자주 둘러봐야겠다

앞산 증조부모님

앞산 계신 증조부님 우금 할뱀 산소가
옛날에 옷 다리던 다리미 형국이라
다리미는 무거운 돌을 얹으면 안 되니
봉분 아래 십 미터쯤에 상석이 놓여있다
뜻 모르는 사람들은 이상하게 여기는데
그 당시에 풍수 보는 지관地官의 결정이니
종손은 여전히 변경할 마음이 없다
증조모님 산소는 논실골에 따로 계신다

효잠 고조부님

효잠 계신 고조부님 택호宅號는 괴촌이다
고조모님 산소도 나래 바위 능선에 계시고
증조부인 우금 할뱀 고조부인 괴촌 할뱀
택호가 익은 것은 사대 봉제 받들면서
어머님께 여러 해를 새겨들은 이유리라

수곡과 오미 다음으로 효잠 원위는
십일 대 항렬 '휘'자 할아버님 묘소이다
효잠에 산소가 여러 위 계시는데
시고조모님 아래에 시삼촌 두 분과
시동생 한 분도 효잠으로 모셨으니
이 계곡이 사산私山이라 가족묘지가 될 듯하다

6세, 9세, 10세, 12세, 13세 선조는
오미골에 계시고 11세는 독자골
5세 조부모님은 고산과 땅골에 계신다
30여 년 전에는 우리 부부가 직접

주과포 酒果脯를 싸 들고 다니며 성묘도 했다

근래에는 추석 즈음 시동생과 조카, 아들들이

두 조로 나누어서 산소를 돌아본다

수곡 산소

수곡 계신 선조는 십팔 대조 판서 할뱀
십칠 대조 증찬성공 정경부인 춘천 박씨 할맴
십오 대조 기암 할뱀 십이 대조 구암 할뱀 산소는
동네 뒷산 수곡이라 가까운 거리라서
오륙 년 전만 해도 적과 편을 틀에 괴어
산소마다 지고 가서 회전을 모셨는데
제궁지기 없는 지금 인력이 부족하니
유사들이 산소마다 제주 한 잔씩 받들고 가
조상님을 인양해서 노송정 대청에서
한 자리에 모시니 세월 따라 하는 일이다

수곡회전 날짜는 매년 시월 초사흘
수곡회전에 배위되는 찬성공 비위
정경부인 의성 김씨 춘천 박씨 삼 내외 분과
같은 날에 한 상으로 차려서 모신다

오미 산소

십육 대 훈도 할뱀 내외 분
십사 대 지간 할뱀 내외 분
십삼 대 교수 할뱀 내외 분은
수곡과 마찬가지로 인양해서
오미제궁에서 시월 초나흘에 모시고 있다

국망봉

입향조入鄕祖이신 계字 양字 선조께서는
수양대군 계유정난으로 왕위를 찬탈하니
'천륜 어긴 새 임금은 못 받든다.' 마음먹고
봉화훈도 지내시다 벼슬 벗고 낙향하여
매월 초하루에 집에서 서북향
십리 길 산봉우리 국망봉에 오르셔서
단종 계신 영월 향해 꾸준히 절하시며
불사이군 충절 지켜 불천위로 봉해졌네

그 자리에 '망배단望拜壇'을 쌓으시고 비석 세워
선조님의 충절을 자손대대 기리던 중
무슨 일로 비석이 훼손되어 고심 끝에
조부님 대에 와서 자연석을 다시 놓고
비석을 세우면서 이 돌을 올리는데
이십여 명 문중 어른 인력으로 하셨다니
조상 현양 자손도리 지극정성이 아니런가

사십 년 전 부부동행 가본 후로 처음이라
그 당시에 시조부님 국망봉의 유래를
자세히 전하셨고 지금은 내 옆에서
어제 일처럼 종손이 그대로 얘기하니
자손대대 이어져갈 국망봉의 전설이다

젊을 때는 어렵잖게 한달음에 왔건마는
험한 길을 지팡이로 잡초 헤쳐 오다 보니
세월이 무상함을 몸이 먼저 말해준다
유서 깊은 이 봉우리 유림선비 등산객 등
많은 사람 다녀가며 옛이야기 다시 하리

2장

종부 宗婦

삶의 노래

종부 소회가

성주법산 영천최씨 죽헌선조 큰문중에
12대종부 종부사명 감당하신 우리어매
크신이력 피력하여 후대에 전하리라

인동장씨 명문가에 넉넉한 생활형편
오남매 맏이로서 후덕하고 성실하신

고매한 품성으로 열여덟살 규수되어
성혼되어 출가하니 효양구고 어김없고
성순군자 하시면서 부창부수 임사지덕
화락차담 하시오니 뉘아니 흠선하랴
팔십삼세 영면까지 불천위 큰제사에
사대봉사 기제사와 시월한달 묘사까지
집안모든 대소사를 빠짐없이 손수주관
종가종부 벅찬임무 훌륭하게 감내했네

우리어매 시가사정 친정과는 천양지차
간난신고 모진풍상 허리띠 졸라매고
여섯남매 키우실제 쉰보리밥 물에말아
허기를 면하면서 고생고생 하신이력
어찌단문 필설로 일일이 나열하랴
생전사후 조상님을 정성껏 모시면서
베틀차려 길쌈방직 밤낮이 구별없네
햅쌀이 나기전에 제사가 다가오면
찰벼한단 베어다가 호롱불 심지돋워
수수깡 집게삼아 일일이 훑어내어

가마솥에 쪄서말려 디딜방아 찧어담아
고두밥 다시쪄서 인절미를 빚어내고
날맞추어 술을담아 용수박아 청주떠서
제주마련 제물준비 그정성에 감복하리

우리어매 교훈말씀 교태교만 하지말고
봉제사 접빈객에 일가친척 화목해라
사람박대 하지말고 좋은인심 덕을쌓아
오복이 구전토록 기원해준 우리어매
인자하신 존안성음 다시뵐길 영영없네
장하시다 우리어매 대소장유 구별없이
언제나 반기시니 인품이 고매현덕
일문에 자자터라 여러남매 고이길러
남혼여가 차례대로 부모역할 다하셔서
명문대가 입문시켜 불천위 종부위상
행여나 잘못할까 노심초사 끝이없다

관혼상제 예의범절 소상히도 알고계셔
동네집안 초상나면 초일부터 발인까지

황망중에 고인예우 손님접대 모든절차
깨우치고 다독여서 대소가가 의지했네
지병으로 고생하신 아버지와 사별하고
여가시간 많아지자 도포없는 어른위해
천만구해 가져오면 타성노소 불문하고
지어드린 도포숫자 수십채가 되어지고
상복수의 말고지어 손끝이 갈라져서
반창고 붙여가며 재봉틀을 돌리셨다
큰자리 종부자리 묵묵히 감내하며
겪어보신 우리어매 종부자리 귀한자리
그길을 아시기에 대종가의 종부되게

나를두고 허락하심 그때에는 이해못해
진성이씨 노송정에 종부된지 사십여년
친정어매 훈육하심 종부라는 정체성을
확립함에 힘이되고 바탕이 되었어라

안동예안 노송정 대종가에 입문하니
성주친정 안동시댁 제례법과 모든예절
배우고 따르는데 많이달라 애로더라
직장생활 바쁜중에 시조부님 하명따라
기제사는 대구에서 모시기로 의논되니
일년동안 열세번에 기일때가 다가오면
떡쌀담가 출근길에 방앗간에 여다주고
퇴근길에 이고와서 어린아들 등에업고
제사준비 종종걸음 쉬운일이 아니더라
열한평 아파트에 양대제관 좁혀서
정성으로 예갖추어 기제사를 모시었다

문중의 고유법도 일러주신 시조모님
유명하신 자정으로 친녀같이 가르치신

시어머님 존안성음 다시못뵈 한이로다
어른들의 칭찬속에 그소임을 감당했다
할머님께 대구살림 구경시킴 좋으리라
할아버님 하명하에 합가하여 오륙여년
시조부모 시어머님 시동생 육남매와
우리아기 모두합쳐 열두식구 한집에서
북적대던 대구생활 조석때때 넋나갔네
세탁기도 없던시절 양말짝만 이십여짝
찬물로한 손빨래에 허리펼날 있었으랴

미편한속 안들키려 날숨들숨 조절하며
흩어지는 마음조각 눌러놓고 달래면서
밤새우고 뒤척이며 세월을 엮어갔네
초등학생 끝시동생 대학공부 다마치고
취직시켜 결혼하고 살림집 마련까지
육남매의 맏이로서 막중소임 다해내고
십수년 모셔왔던 시조부님 구십향수
회혼도 넘기시고 엄동설한 이월일일
운명하심 어이할꼬 통곡통곡 호천망극
잘모신일 하나없고 후회지심 뿐이어라
시조부님 구일장과 삼년상을 모실때에
삭망제사 어김없이 정성으로 받들었네

종상기일 의논중에 시조모님 세상뜨니
시아버님 안계시어 승중손承重孫 상신으로
소복차림 오년으로 물색옷이 어색했다
인생지사 어느누가 쉬웠다고 단정하랴
조상부모 받들기는 인간사에 당연지사
살아온길 돌아보니 아리고도 벅찬감회

사향지회 그리울제 먼산을 바라보고
만인들에 추앙받는 선조님께 누가될까
부모교육 못지킬까 조심조심 살아온길
종가소임 어려웁고 종부임무 무거웠네

우리내외 종손종부 되는절차 정한날에
전국각지 종손주손 연비사가 모시고서
길제사를 올릴적에 품위있고 젊잖으신
문중어른 여러분들 종부된 저를보고
예를갖춘 당부말씀 감동으로 받으오며
종부로서 자긍심을 심중에 담아두네
아들형제 헌헌장부 버팀목이 되었어라
초로에 접어들어 고운단풍 물들듯이
모든욕심 내려놓고 곱게곱게 늙으려오

길사 吉事
진정한 종부가 되다

종손 나이 마흔에 내 나이는 서른여덟
우리 내외 병인년 오월 초사흘에
사당에 모신 조상님께 고유告諭하고
노송정 십팔 대의 종손 종부 되었다네
길사로 불리는 보기 드문 이 행사는
종가의 세대교체 알리는 공식행사로
조부모님 탈상 후에 길사를 올렸다

아버님이 안 계시니 부모님의 대를 건너
타 문중에 비한다면 조금 이른 편이었다
당신 대를 건너뛰는 길사를 지켜보는
어머님의 깊은 심정 헤아리지 못했지만
층층시하層層侍下 홀몸으로 육 남매를 길러내신
어머님의 심기인들 오죽 서운하셨을까
육대 조 선대 위에 고유하는 절차에는

초헌관된 종손이 조상님께 잔 올리고

이어서 축관이 축문을 읽고 나면

아헌관된 종부가 조상님께 잔 올렸다

종손은 신위마다 두 번씩 절을 하고

종부는 다음으로 네 번씩 절을 하니

의관은 많이 무거웁고 거추장스러운데

신위마다 연달아 사십팔 배拜를 하고 보니

오월 초순 더운 날에 긴장도 한 탓에

껴입은 옷 속으로 비 오듯이 땀 흐르고
버선목에 벌겋게 피멍이 들었다
종손은 도포에 갓으로 성장盛裝하고
종부는 화관에다 색동활옷 갖춰 입고
고운 댕기 드리고 연지곤지 치장했다
햇수로 오 년 걸린 조부모님 삼년상에
소복 차림 익숙해져 색동활옷이 어색했다
예복에다 화관을 갖춰 쓰는 이유는
권위와 부부애를 기원하는 뜻이리라

길사는 문중에서 큰 행사로 치르는 일
일반인은 구경조차 하기가 쉽지 않다
사가 손님 근원 거리 유림 손님 문중 손님
곳곳에서 하객이 구름처럼 모였으니
노송정 담장 안이 인산인해人山人海를 이루었다
친정 부친 그날따라 두 어깨가 으쓱이라
쉽지 않은 차종부로 십 년 넘게 지내오며
마음속에 조금은 원망이 있었는지
그 모습을 바라보며 아버지가 바라신 게

바로 이런 것인가 하는 생각도 해 보았다
어느덧 조상님께 고告하기를 마치고
안채에 들어오니 주방이 엉망이다
사가 손님 드려야 할 상차림이 뒤바뀌고
식어가는 국그릇에 자리 바뀐 반찬접시
보다 못해 예복 벗고 앞치마를 입고 나서
두 팔을 걷어붙여 동동걸음 치는 나를
마루에서 바라보신 집안 어른 하는 말씀
"오늘은 예복차림 그대로 갖춰 입고
가만히 좀 앉아 있으라."고 하셨으나
길사의 주인공이 나인 줄은 알았지만
애가 타서 그럴만한 여유조차 잃었던가

종손 친구 모임인 청남회 회원들은
남자들이 보기에도 어지간히 딱했던지
"법산댁이 애연하고 안쓰럽다." 하더란다
일 보고는 못 참는 것도 천성이니 어쩌랴
"충절과 성현의 가문으로 육백 년간
이어온 뜻을 새겨 가문 더욱 빛내주고

앞으로도 잘 부탁한다."는 내용의
문중 어른 예를 갖춘 덕담이 이어졌고
먼 길을 찾아온 사람마다 한마디씩
축하와 격려의 인사가 이어졌다

진짜 종부 되었다는 막중한 책임감에
그후로 한동안 네발 묶은 소 한 마리를
어깨에 둘러매고 서 있는 것만 같았으나
이제 와서 돌아보면 그 또한 지나간 일
그저 살다보니 그냥 살아지더이다

흰 옷이 익숙했던 시절

시조부님 초상 후에 삼년상을 치렀다
초상과 소상, 대상을 다 지내고
탈상을 하자면 만 이 년이 지나간다
빈소를 차리고 매일 아침 저녁으로
상식을 올리며 상주의 예를 다했다
초하루 보름마다 제물 차려 올리고
곡을 하며 지성껏 삭망도 지냈다
상중에는 망자가 이승에 머물면서
자식들의 마지막 효를 받는 기간이다

이월 초하루에 있을 시조부님 탈상을
준비하던 시기인 정월 열여드렛 날
시조모님이 잇따라서 운명을 하셨으니
조모님 또한 고령에다 오랜 병환 중이라
전혀 예상하지 못 한 일은 아니었지만
연이어 닥친 초상이라 더욱 황망했다

삼년상을 잇따라 치러야 할 상황인데
도심에서 치르기는 만만찮은 일이었다
좁은 집에 옛법대로 빈소를 차리자니
빈소 방 하나가 더 필요하고 아이들과
친정 가서 하룻밤을 자고 올 수도 없었고
풍속 다른 이웃들도 신경이 쓰였다
빈소 앞에 짚으로 엮어 세운 여막은
산소 옆에 초막을 짓고 지키는 대신이다
흰 천을 길게 늘여놓은 주렴珠簾을 보고
도시에서 살아온 젊은 이웃 사람들은
굿 당이나 점쟁이 집으로 착각하기도 했다

그렇게 만 사 년간 상복을 입다보니
탈상해도 물색 옷을 입기가 어색했다
그때에는 흰 상복을 입은 채로 생활하니
아이들의 학부모 회의에도 입고 가고

버스 네 번 환승하며 온혜까지 오갈 때도
흰 치마저고리 상복을 늘 입고 다녔다
그 시절만 해도 대구 시내에서는
상복 입고 다니는 사람이 드물었는데
유가의 법도라 어기면 안 되는 줄 알았다

고부 姑婦
시어머님의 '고맙다'는 한 마디

2005년 4월 22일 81세로 운명하신 어머님은
상주 운곡마을 풍양 조씨 양진당 후손으로
비교적 넉넉한 집안에서 오셨는데
내가 신행 올 때 어머님은 48세였다
젊은 시절 공직에 계셨던 아버님과
본가에서 멀지 않은 안동 시내에 분가하여
한동안 오손도손 사셨다고 한다

갑진년 구월 보름 출근길에 아버님이
갑작스레 돌아가신 청천벽력 변을 당해
어머님은 그때 일을 이렇게 회상하셨다
"담뱃재를 금방 털어낸 뜨거운 긴 대꼬바리로
등을 긁는 모습을 봐도 우습지가 않더라."

무망 중에 구일 장례 절차를 치르시고

살림을 정리한 후 육 남매 자녀들을
거느리고 노송정 본가로 들어오셨는데
시어른 내외 분, 시동생, 시누이 한집 살림에다
녹록찮은 성격의 장성한 아들들까지
어느 하룬들 마음 편할 날이 있었으랴

친정 나들이도 제대로 못 해보고 사셨지만
워낙 태평한 성품에 글을 잘하시고
인심도 넉넉하여 청정암 신도회장도 하셨으니
노송정 상주댁이라면 평판이 좋았다고 한다
지금도 가끔 어머님 아는 분을 만나서
인사를 나누면 그때의 모습을 이야기한다

우리가 대구 살림을 시작하면서부터
어머님은 가끔 친정 나들이를 하셨는데
시외삼촌들과 이모님 등 시외가 식구
열여덟 분을 우리 집으로 초대하여
정성껏 식사대접을 해 드렸더니
서울 사시는 막내외삼촌께서

"이제야 생기가 도는 누님 얼굴을
보게 되었다."며 대단히 기뻐하셨다

어머님은 세상에 급한 일도 없고
매사에 애면글면 하지 않는 성품이니
주위 사람이 힘들어 하는 모습도 별로
괘념치 않는 악의 없고 태평하신 분이셨다
혼자 힘으로 육 남매 혼인이며 진로 문제에
어찌 걱정과 어려움이 없었을까마는
매사에 아등바등 안간힘을 쓰는 나를 보고
"일은 다 되는대로 될 테니 걱정하지 않아도
될 일은 되고 안 될 일은 안 된다."고 하셨다

어머님이 육십 세, 회갑을 맞이하던 해
구월 열여드레 불천위 비위제사 입제 날
중풍으로 쓰러지신 후 이십 년을 고생하셨다
팔십 킬로 거구의 어머님을 종손이 업고
용하다는 영천 손의원에 가서 치료를 받았고
거리상 가까운 경산 막내아들네로 모셔놓고

돌아온 종손과 밤새워 제사 절차를 마친 다음날
경산으로 가니 이동을 자제하라는 의원의 말대로
닷새 뒤에 치료받고 모셔오도록 의견을 모아
병중의 어머님을 닷새 동안 막내동서에게
모시게 하여 내 마음이 몹시 편치 않았다

나중에 친정아버지께 그때 심정을 말씀드렸더니
"네 마음 씀이 그러하니 다행이다." 하셨다
병이 조금씩 낫다가 더하기를 서너 번이나
반복하며 오래도록 고생을 하셨으니
처음 발병한 해에 환갑잔치는 못 해 드렸고
십 년 동안 우환이 조금씩 회복되어
칠순잔치 대신 대구 계신 친구분들이랑
제주도 여행을 다녀오시게 해 드리고
동촌식당에서 식사대접으로 간소히 치렀다
팔순잔치는 건강이 안 좋으신 대로
이 가문에 입문해서 우가풍가雨家風家 겪으시며
가까이서 생활했던 친지분들을 모시고
집에서 직접 큰상을 차려 예를 올렸다

어머님 스스로 아무것도 할 수 없던
마지막 8개월 와병 중에는
힘에 겨워하는 나를 위해 남매끼리 의논하여
요양병원에 모시자는 의견도 있었지만
인정상 도저히 그럴 수 없다 생각하고
내가 직접 집에서 모시겠다며 반대했다
사후에 무의미한 삼년상을 치르는 대신
살아 계실 때 따신 죽 한 숟가락이라도
직접 떠 드리는 게 낫다고 생각했기 때문이다

대소변을 받아내며 일주일에 한두 번씩
동서들과 힘을 합해 목욕도 시켜 드렸다
다행히 우리 동서들 우애 화목 남달라서
몸과 마음 아낌없이 도와줌이 고마웠다
정신줄을 놓은 어른을 수발드는 일이
쉽지 않았지만 지금 생각해도 잘한 것 같다

천금같이 여기시던 맏손자 치헌이
어여쁜 짝을 데려와서 큰절 받으실 때

그렇게 기뻐하셨는데 일 년을 채 못 보고
증손도 못 보시고 천수를 다하시니 안타깝다
이십여 년 긴 세월을 우환 중에 계셨지만
임종은 자상한 셋째아들 내외 부축받으며
점심 잘 드시고 잠자듯 수월하게 하셨다
운명하시기 한 달여 전에 내 손을 잡으시고
"너 같은 며느리를 봐서 행복했다, 고맙다."
말씀하시니 그 한 마디로 고부 간에
더러는 미편未便했던 마음이 해소된 것 같다

그 당시 육 남매가 다 현직에 있었고
장성한 손자 손녀가 이십 명에 가까우니
문상객이 밀물처럼 밀려들었다
빈소 앞에 대기한 줄이 워낙에 길어서
초상에 도우러 온 친구가 말하기를
상가에 이렇게 긴 줄을 선 광경은
TV에서나 봤지 실제로는 처음이라고 했다
생전에 내 손으로 마음 다해 보살펴 드렸으니
삼년상은 무의미한 일이라 생각했으나

그건 단지 안방의 여자인 내 생각일 뿐
사랑에서 의논하여 삼 년 탈상을 결정하고
공표했으니 또 삼 년 빈소를 모시게 되었다
자식으로 최선을 다하는 예를 갖추어
우리 시대 마지막이 될 삼년상을 치렀다

노송정이라는 자랑스럽고도 버거운 가문에
먼저 입문하신 선배 종부 되시는
시조모님 시어머님 다 보내 드리고 보니
어느새 내 나이도 환갑을 바라보고 있었다
모든 절차 끝이 나고 어머님이 계시던
안방에 앉아 조용히 지난날을 돌아보니
안팎살림에 큰 역할이 없었다고 생각했던
어머님의 빈자리가 이다지도 크단 말인가
외부에서 어머님을 한번 거쳐 오던 시선들을
이제는 맞받아 해결해야 하는 문제들이
입술 없는 잇몸이 되어 바람 앞에 서기가 두렵다

고부 간에 오간 편지

울타리 안으로 들어서는 새 며느리에게

아가야, 윤정아
하 많고 많은 울 밖의 사람 중에
네가 우리 치헌이 긴 인생의 동반자로
우리 가족의 중요한 구성원이 되어
울타리 안으로 쓰윽 들어와 주어서
우리는 너무나 반갑고 기쁘구나

얼굴이 어여쁘고 학벌이 좋고
사회적인 명예가 높은 것도 좋지만
더욱 중요한 건 너의 마음이 따뜻하고
건강하고 어여쁜 게 내 눈에 보여
무엇보다 고맙고 한없이 반갑구나

두 사람이 많이 다른 환경에서 태어나

이십 수년 살다 만나 때로는 낯설기도 하겠지만
어떤 경우에도 가족은 올가미가 아니라
안전띠라고 생각하며 사랑을 근본으로
꾸밈없이 차근차근 의논해 나가면
어렵고 힘들지만은 않으리라 생각한다

아가야, 윤정아
너는 나와 어떤 의미로 보면
동창생이랄 수도 있지 않겠느냐
진성 이씨 노송정 가문의 종부로서
30년 전후로 너와 내가 입학하고
몇십 년 겹친 지금 선후배로 유세 떨다
나 떠나고 나면 네가 지금 내 위치에
서 있을 생각하니 만감이 가슴을 휘누비는구나
우리 어차피 피할 수 없는 운명이라면
너답고 나답게 태산 같은 자긍심을 갖자꾸나

나는, 이 어미는
꼭 한 번 지나가는 이 세상에서

우리가 이렇게 기막힌 인연으로 만나
어쭙잖은 행동이나 속 빈 헛기침하는
공허한 마음 채워주는 너를 고마워할 것이며
너의 젖은 옷 말려 입혀주고 보살펴
덮어주는 어미가 되려고 노력하마

흔히 사람들은 '사랑은 소득세와 같아서
그 계산법이 사람마다 다르다.'고 하지만
우리는 종이 한 장 끼울 여백도 두지 않는

꾸밈없는 사랑의 계산법을 쓰자꾸나
한 해, 한 해 나이테를 두르는 말 없는 나무들처럼

아가야, 윤정아
때로는 생활에 지치고 힘겨울지라도
우리들의 안전띠를, 울타리를 사랑하며
서로를 다독이며 포용하는 눈빛과 배려로
서로 위로와 격려를 아끼지 않는
가족이 되었으면 하고 바란단다

일생일대에 한 번밖에 없는 혼인 절차에
서운함이나 미흡함이 왜 없겠냐마는
앞으로 살아가면서 서로 보완해 나가기로 하고
두서없는 글 이만 줄일까 한다
건강하고 행복하여라

갑신년(2004) 칠월 한낮에 너희를 지극히 사랑하는
어미가 쓰다

지혜를 가르쳐주시는 어머니께

어머님
아니, 어머니 우리 어머니
어머님이란 호칭은 며느리된 입장에서
공손함을 담아 격식에 맞춰 부르는 이름이지만
제 마음으로 부를 수 있는 진정한 이름은
바로 어머니가 아닌가 싶습니다

어린 시절 가슴팍에 매달리며 부르던 엄마도 아닌
남편으로 인해 법적으로 맺어진 시어머니도 아닌
제가 잘 몰랐던 '어머니'란 깊고 큰 느낌을
어머니께서는 제게 가르쳐 주셨습니다
저도 아이를 낳고 이제는 엄마가 되었지만
아직은 너무나 어설프고 약하기만 합니다
어머니께서 저희에게 보여주시는 따뜻함과 강함을
저도 언제 제 아이들에게 느끼게 해줄 수 있을까요

처음 인사드리러 와서 아직 손님 같던 시절부터

첫손자, 둘째손자 낳고 산후조리하느라 누워 있을 때
그리고 직장 생활하면서
주말에나 바쁘게 다녀가는 요즘까지
저는 아직도 늘 어머니께서 챙겨주시는
따뜻한 밥상을 마치 딸이나 되는 것처럼
너무나 맛있게 받아만 먹어 왔습니다
딸처럼 살갑게 굴지도 않고
세세하게 신경 써서 챙겨드리지도 못하면서
받는 것만큼은 늘 친딸처럼 친자식처럼
당연하게만 받아왔습니다

딸이 없는 우리 어머니께
아직은 하나뿐인 큰며느리이기에
딸이 되어드리고 싶은데
늘 이 딱딱한 성격 탓에
팔짱 한 번 더 끼고 싶고
애교스런 말 한마디 더 하고 싶을 때마다
속으로만 한 번 두 번 되뇌이다가
스르르 포기하고 말아버립니다

어머니께서 많은 말씀하지 않으시고도
저희에게 큰 정을 느끼게 해주시듯이
저도 곰살맞은 표현은 하지 못하더라도
어머니께 한결같은 믿음을 드리는
든든한 자식이 되고 싶습니다
제가 말수가 적고 망설임이 많아
잘 다가가지 못해서 그렇지
사실 마음속으로는 어려운 일이 있으면
먼저 어머니께 달려가서 여쭤보고 싶은
생각이 자주 듭니다

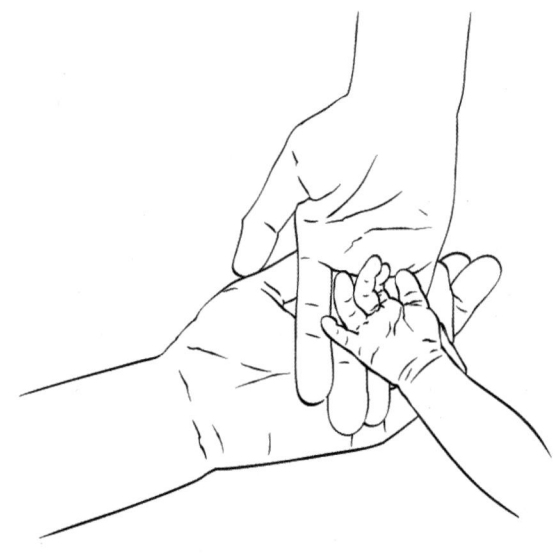

쌓인 일의 순서를 정하는 것부터
사람을 대하고 말하는 것, 직장에서의 사회생활까지
가끔 어머님께서 옆에 계셔서 조언을 주실 때면
눈앞이 환해지는 느낌이거든요
'아! 지혜란 이런 것이구나.' 감탄하게 돼요
그리고 그 바닥에는 저희와 사람에 대한
무한한 이해와 사랑이 깔려있어서
따르지 않을 수가 없게 됩니다

어머니
시집올 때 제게 주셨던 그 편지 기억하시죠
제가 이제까지 살아오면서 받아 본
가장 감동적인 편지였어요
누가 시집오면서 시어머니께 그런 편지를 받아볼까요
아무한테나 자랑하고 싶을 만큼 글이 훌륭하고
친한 사람에게는 꼭 보여주고 싶을 만큼
어머니의 진심과 가풍이 묻어나는 편지였습니다
'너와 나는 노송정 가문의 동창생'이라 하셨죠
저는 아무런 지식도 준비도 없이 덜컥 들어온 후배입니다

종가라는 곳이 어떤 곳인지
노송정이 어떤 곳인지도 전혀 모른 채
단지 어머니께서 듬직하게 낳아
잘 키워놓으신 신랑 하나 보고
이곳에 처음 발을 들여놓았던 것 같습니다

처음에 저희 신혼 초에 신랑이
가족사진을 액자에 넣어 거실에 세워두었는데
거기엔 아버님 어머님과 두 아들의 모습이 담긴
단란한 결혼 전의 가족사진이었습니다
전 그 사진이 저를 이 단란한 가족과
분리하는 것처럼 어색해서
얼마 후에 몰래 살짝 그 사진을 치웠는데
지금 생각하면 내가 어느새 그 가족 속에
너무나 깊이 들어와 있구나 하는 것을 느낍니다
이제는 내가 빠진 그들만의 사진이 아닌
내 가족의 옛날 사진으로 바라보게 될 것 같아요

처음엔 어머니 앞에서 옷도 갈아입지 않던 제가

이제는 같이 목욕탕 가는 것을 좋아하게 되기까지
어머니께서 내밀어 주신 따뜻한 손길 덕분에
제가 완전한 이 가족의 구성원이
되어가고 있는 것 같습니다

제게 노송정이란 곳은 아직 어려운 곳이지만
바닷물에 소금이 녹아들 듯이
저를 가족으로 들여 주신 것처럼
어머니 손을 잡고 있다 보면
저도 어머니처럼 이 집을 잘 지킬 수 있게 될까요

공부 잘하는 형 밑의 아우가
저절로 공부를 잘하게 되는 것처럼
어머니의 직계 후배인 제가
어머니처럼만 할 수 있다면
아무런 두려움도 없을 텐데요
어머니에 대한 존경과 감사를
드러내놓고 하진 못 해왔습니다
마음속 깊이 어머니께
감사드리고 있다는 것 아시죠
늘 저의 가장 큰 허물도 상처도
다 보듬어주시고 덮어주시는
우리 어머니 사랑합니다

2008년 11월
노송정을 어머니께서 만들어주신
따뜻한 울타리로 알고 잘 자라고 있는
며느리 윤정 올림

3장

친정 親庭

그리움의 조각

우리 어매 전상서

인동 장씨 여헌 자손 궁색하지 않은 집안
오 남매 맏딸 되어 십팔 세로 성장하고
죽헌 선조 종가집 십이 대 종부되어
신언서판身言書判 되시는 두 살 아래 남편 만나
일생동안 남편 향한 외사랑과 흠모로
육십여 년을 살아오신 장하신 우리 어매

낮에는 농사일에 밤에는 길쌈하며
동지섣달 긴긴밤을 뜬눈으로 새워가며
한 푼 두 푼 모아서 살림살이 늘려갈 때
첫딸은 살림 밑천이라 귀하게 여기시고
둘째딸은 행여 하다 속아서 낳으시고
무자년 사월 스무여드레 날 낳으실 때
만삭에도 베틀에서 밤늦도록 베를 짜다
손에는 북을 든 채 산기産氣를 느끼시나
시어머님 윤동댁 윗방에서 잠 깰세라

모진 산고 숨죽이며 당신 혼자 해산하고
호롱불 심지 돋워 삼을 갈라 확인하니
딸을 보는 그 심정이 오죽이나 하였을까
핏덩인들 못 들을까 억장 무너지는 소리
무명 이불 자락 덮어 아랫목에 밀어놓고
날이 새면 면목 없어 시부모님 어찌 볼까
종부로서 대 못 이은 죄책감이 태산 같아
따뜻한 물 한 모금 못 넘기고 전전긍긍
딸만 줄줄 낳는다고 모진 설움 다 받았네
할머니는 화가 충천 삼촌집에 가버리고
작은 입술 오물오물 산목숨을 어찌하랴
한숨 쉬며 끌어당겨 젖꼭지를 물렸다네
그때 마침 출타 중인 아버지가 들어오셔
"고것 참 뽀야니 이쁘네." 하시니
그 한마디에 힘을 얻어 정신을 차렸다네
넷째도 다섯째도 그러기를 계속하여

행여 하며 속고 속아 줄줄이 딸 낳았네

그 모진 설움 고통 잊어보려 하셨던가
억척스레 낮에는 밭농사에 몰두하고
밤에는 길쌈하여 가세家勢는 좋아져도
내 딸은 신식 공부 시키자 말 못 하고
시집올 때 여섯 살 난 막내삼촌 위하여서
서울 유학 돈다발을 길쌈하여 만들었네
먼 훗날 그 삼촌은 고위공직 취임사에
"백형伯兄 내외분 돌보심이 안 계셨으면
어찌 저의 오늘이 있었겠습니까?"
잠시 잠깐 목메어 하셨다는 그 말씀으로
지난날의 노고는 다 지웠다 하셨지요

어매 딸들 시집가서 제 자식을 돌보느라
내가 엄마 자식임도 자주 잊어버리고
딸이 되어 엄마에게 해드린 게 없어도
"야야, 나는 괜찮다. 나는 괜찮다."
그 말밖에 할 줄 몰랐던 우리 엄마

평생을 당신 위해 고기 한 칼 산 적 없고
남 먼저 입에 넣어본 적 없는 울 엄마
뒤뜰에 마른 장작 수북이 쌓였어도
겨우 냉기 면한 구들에 등허리 의지하고
딸 많으면 외국여행 많이 한다 하지만
넷째딸 다섯째딸 외국 생활 할 때도
아버지의 오래된 병수발을 이유로
어머니께 비행기 한번 못 태워 드렸으니
미국 가서 박사학위 받으면 무얼 하고
독일 가서 박사 되면 무엇에 좋던가요
이제야 가슴 치며 후회해도 어머니 안 계시네

등이 휘도록 평생토록 짐을 져도
"모든 게 내 탓이다, 내 탓이다."하셨지요
울 어머니 딸들에게 후한 편은 못 되셨죠
"말 소드레기 일구는 사람들과 상종을 말거라."
"안주인이 손이 작으면 못 쓴다."
"바깥출입 하는 사람 오지랖은 안사람 낯짝이다."
천금 같은 자식을 가슴에 묻고도

잠 안 자고 때 거르며 미련하리만큼
마음을 감추시고 일만 하셨지요

미식가인 아버지가 병석에 계실 때
입맛 잃어 고심 중에 냉면을 찾으시기에
그 시절엔 선들바람 불어오는 가을이면
대부분의 냉면 가게가 문을 열지 않았지요
골목 골목 다니며 냉면집을 겨우 찾아
한 그릇을 말아와 아버지께 드렸더니
아버지는 그 냉면을 맛나게도 드셨지요

몇 년 후 노환 중인 엄마를 보살필 때
냉면을 드렸더니 입맛이 없던 차에
그 냉면을 너무나도 맛나게 드셨지요
한없이 미련한 딸인 나는 그제서야
엄마도 냉면을 좋아한다는 것을 알았고
힘겹게 아버지 병수발 하실 때
엄마 몫 한 그릇을 더 챙기지 못한 것이
마음에 걸려 지금도 냉면을 먹을 때면

엄마 생각에 가슴이 먹먹해지곤 하지요

흠모하던 아버지와 칠십오 세 사별 후에
동네 사람 필요한 수의나 도포를
자진하여 받아서 지어 주셨는데
잠 안 자고 밤낮없이 손틀을 돌렸지요
갈라 터진 손끝에 반창고를 붙여가며
일에 묻혀 갖은 고뇌 잊으려 했던가요
어머니의 다섯 딸은 제 살기에 급급해서
그 깊은 속마음 알 엄두를 못 냈지요

우리 엄마는 모로 누워 새우잠을 자도
밤을 새워 일을 해도 괜찮은 줄 알았네요
밥을 안 먹어도 괜찮은 줄 알았네요
팔십삼 세 우리 곁을 영영 떠나갈 때까지
엄마는 그렇게 낮게만 살다 가셨네요
엄마 엄마 우리 엄마 보고 싶은 우리 엄마
그 깊은 삶의 질곡을 어찌 헤쳐 나오셨나요

1999년 추석 쇠고 법산 친정을 가니
싱크대 앞에 선 엄마의 뒷모습이
어쩐지 혼이 없는 느낌이 들었지요
"형수님이 이상하다."는 삼촌 말도 있고 해서
"괜찮다, 괜찮다."하시는 엄마를
억지로 모시고 병원으로 갔는데
그때부터 입, 퇴원이 시작되었지요
평소에 너무나 건강하신 척 한 엄마이기에
딸들의 소홀함을 뒤늦게 뉘우치며
당번을 짜 돌아가며 병구완을 하였지만
먼 곳에 딸들은 제 살림이 우선이라
신혼인 종일네와 제 몫이 되었지요

정신이 오락가락하는 엄마 옆에는
공감할 대화거리가 많은 딸이 있는 것이
정신적 안정감에 도움이 될 것 같아
집안에 제사나 특별한 일 없을 때면
되도록 엄마 옆을 제가 지키려고 애썼지요
옛날 옛적 법산에서 모녀 같이 살던 시절

식량은 부족하고 식구는 많던 시절
사도실로 혼인한 작은고모가
삼 년간의 묵신행 중 친정에 있는 동안
밥알이 드문드문 섞인 나물밥을
엄마와 한 바가지에 비벼 먹다가
사랑에 할아버지 숭늉 심부름으로
한 사람이 잠시 자리를 비우면
남은 사람은 숟가락을 든 채 기다렸다가
돌아오면 같이 밥을 먹었다는 이야기 등
구구절절 이야기를 끝도 없이 조잘거려
정신줄을 놓지 않게 나름대로 노력했지요

설 쇠고 곽병원 중환자실에 모시다가
더 이상 치료할 방법이 없다 하여
의료계의 넷째딸 애숙이의 지인을 통하여
산소통을 빌려와서 호흡기를 연결하고
우리 집에 모셔와 아침저녁 시시때때
혈압을 체크하고 영양식을 공급했지요
40일쯤 지난 아침 혈압이 안 잡혀서
가정간호사 호출하여 진료받고 의견들어
구급차를 불러 급히 법산 집으로 모셨지요
하룻밤을 지새우고 보고 싶은 혈육 모아
눈으로 귀로 확인하시고 운명을 하셨지요

유품 정리하려고 장롱 서랍 열어보니
정갈하게 손질한 당신 한복 한 벌과
수의 담은 상자 옆에 손수건, 흰 양말 등
상주들 필수품을 차곡차곡 챙겨 두셨지요
가까운 시간에 다가올지 모를 마지막을
심중에 그리며 손수 정리하셨으리

삼우제 지내고 해인사 삼선암에
49제 모셔놓고 대구로 돌아와서
어머니 생시에 거처하던 방문 열어보니
구급차 타고 황망히 떠난 그때 그 모습
그대로인 이부자리 가만히 손 넣으니
엄마의 체온이 느껴지는 듯한데
이 세상 어디서도 다시 볼 수 없는 엄마
생각하니 피 토하는 심정이 되었지요

처갓집에서 상례 치르고 먼저 돌아온
남의 편이 작은 배려나마 있었다면
이 방 모습 그대로 내게 보여 주었을까
울다 자고 자다 울기를 거듭하면서
이제는 우리 어매 보고 싶을 때
어디 가서 다시 볼 수 있나 흐느꼈었지요
아배 어매 더 이상 이 세상에 안 계셔
가슴에 못 박을 일도 없고 보니
내 마음대로 고무신 거꾸로 신어볼까
그때의 제 심정은 그렇기도 했지요

우리 아배

영천최씨 죽헌공파 십이대 종손이신
아버지는 엄격하신 할아버지 슬하에서
목침위에 회초리 훈육으로 자랐으나
자상한 할머니의 보살핌과 지지덕에
종손과 맏이로서 위세가 등등하니
동생으로 태어난 삼촌들과 고모들은
형님오빠 알기를 하늘같이 여기셨다

당신딸은 그시절에 신식교육 못시켜도
막내동생 총명함을 높이평가 하셨으니
서울로 유학보내 뒷바라지 하셨는데
교육행정 전문가로 승승장구 하셨으니
서울시 교육감된 취임인사 말씀중에
백형내외 노고덕에 이자리에 섰다하며
잠시 목이메어 하셨다는 이야기가 전해진다

교사직업 가지셨던 한마을에 둘째삼촌
출근길과 퇴근길에 하루도 빠짐없이
문안인사 하시기를 당연하게 여기셨지요

아버지는 제1기 민선면장 하셨으니
그시대의 선거풍조 막걸리와 고무신이
아니라도 누가보나 신언서판 걸출하고
종손이란 이점까지 두루겸비 하셨으니
면장자리 이미따논 당상이나 진배없고
타고나신 기질또한 통큰사업 적합했다

수백년 세월에 낡은종택 중수重修하고
조선말기 대원군의 서원철폐령으로
훼철된 오암서원鰲巖書院 복원하려 애를쓰셔
노환이 깊으셔도 서원일을 시작하니
완성을 못보시고 유언으로 남기셨다
막내삼촌 열성으로 오암서원 우뚝서니
지금도 오며가며 서원을 볼때마다
형제분의 뜨거운 염원이 전해진다
죽헌선조 모시는 오암서원 춘추향사
지금은 십삼대 종손인 종하鐘夏가 모신다

대가천옆 하천부지 나라에서 불하拂下받아
땅콩밭을 개간하는 큰사업을 하셨는데
일꾼들을 모아서 자갈돌을 골라내고
더운여름 땡볕아래 밭을매게 하시면서
당신몸은 둔덕에다 큰양산을 펼쳐놓고
세상편한 자세로 농감農監하다 들어오셔
가마솥에 불을때서 콩죽같은 땀흘리며
일꾼먹일 음식준비 정신없는 어머니께

웃통을 벗으시고 목물치라 명하셨다
아버지의 대왕같은 군림은 당연한듯
우리들의 성장기는 그렇게 지나갔다

아버지가 거나하게 약주하고 오신날은
사랑방에 식구들을 한방가득 불러모아
사자성어 섞어가며 긴강의를 하셨는데
남자는 무엇보다 '신언서판' 중요하며
부녀자가 명심할건 '인화가결' 이라하며
팔촌이내 사람들은 모두가 가족이라
생각하며 살라고 긴연설을 하셨는데
담배연기 자욱한데 불평없이 다들었네

부모봉양 봉제사는 어머니께 다맡기고
외지로만 떠다니는 아버지의 그림자
어머니의 버석거리는 메마른 번뇌를
철없는 딸네들은 당연하게 여기면서
내어머니 삶의질곡 그때에는 몰랐었네
너무나도 절대적인 아버지의 존재감은

한마디에 온집안을 울고웃게 만드셨네

막내삼촌 능력되니 국회의원 출마하면
득표위한 혼사인맥 계산하고 혼인하니
큰고모는 성주유촌 한강선생 집안으로
둘째고모 사도실에 심산선생 집안가고
맏딸은 성주한개 성산이씨 대문중에
문벌너른 집안골라 혼인을 치렀는데
서울삼촌 정치입문 생각없다 접으시고
서울시 교육감으로 취임을 하고나니
그때부터 마음놓고 여기저기 번혼繁婚하여
둘째딸은 울산으로 셋째딸은 안동으로
넷째딸은 천안으로 막내딸은 독일까지
선거구와 관계없이 전국구로 갈라졌네

딸많으면 호강하며 외국여행 다니다가
비행기에서 죽는다는 속설이 있지마는
일찍부터 병환있어 칠십삼세 운명하니
불효막심 우리자매 해외여행 못시키고

다음생에 어찌뵐지 면목없어 걱정되네
우리어매 소박앓고 천수를 누리실제
임자가 참고살아 진심으로 고마웠소
손을잡고 참회하니 그한마디 들으려고
우리엄마 평생토록 해바라기 하셨을까

친정아버지 제문 祭文

유세차 갑술 십이월 임진 삭 십육일 정미는
維歲次 甲戌 十二月 壬辰 朔 十六一 丁未

우리 부주父主님 영천 최공 종상終喪의 날이라

전날 저녁 병오에 출가 여식 진성 이실은

삼가 일배박전一杯薄奠과 황사졸필黃紗拙筆로 영상지하에 올리오니

명명중 알음이 계시올지 앙천통곡仰天痛哭 하옵니다

세상 사람들은 백수를 누리고도

황천에 돌아가면 여한이 무궁커늘

인후자애하신 우리 부주 십수 년을

심중여병으로 심화心火를 참으시다

지병을 얻으시어 악마 같은 병고에

신음하시면서 수 년을 자리 보존하셨사오나

불사약을 못 구하여 드리옴은

용납 못 할 불효지신의 지원 극통함은

어찌 다 단문필설短文筆舌에 형용하오리까

우리 부주 생존 시 지난 역사 추모하면

칠순 여 년 그동안에 죽헌 선생 주손胄孫으로

극록하신 행금 명예 세인에 표출하시압고

순후 덕행 하시어 대소사 규범 행사

성인에 버금이시요 대종손 소임으로

성심성의 봉제사 접빈객에 지성 지공하시었고

동기 간에 우애 지극하시며 대소 간에 화목하심과

우리 형제 가르침과 수신제가修身齊家 근검지도

모범이 되시어 소녀들을 명문거족

혼인시킨 애애靄靄부모 구로劬勞시다

자애로우신 우리 어머니 백수동락白壽同樂 믿으시며

하고많은 문중 출입 한산모시 푸새 입성

절후 따라 지은 의복 타인에 뒤질세라

치장 차려 만반 준비하시던 일

십수 년을 약 수발과 조석봉양 지성으로 하시다가

연로하신 근력으로 초초하여 지실까 저어되오니다

오호통재라 생각 사록 애통할 사

이 세상에 딸자식은 부모 배속 날 때부터

부모 마음 불쾌하되 자애하신 우리 부모

생아 육아 지성 지극 어느 누구 빠질까마는

더더구나 셋째 여식 안동 이실 청혼 매자媒子

말만 듣고 산 첩첩 물 첩첩 굽이굽이

돌고 돌아 진성 이씨 대 종택에 신행이라 앉혀놓고

여공범백 예의등절 불통할까 사념하사

솟을대문 안주인의 밝은 명훈 각색 당부

하려 하셨으나 목이 잠겨 한 말씀도

부녀지간에 나누지 못하셨음을 그 먼 훗날

다음날에 얘기하실 때도 애잔해 하시옴이

소녀의 가슴에 엉기어 있사옴이 엊그제 같사온데

사친지도事親之道는 남녀가 다를 바 없사오나

삼종지도三從之道의 예법에 따라 적인종부適人從夫로

모든 형편이 달라져서 출가외인 되고 나니

환후시탕患候侍湯 못다 하옵고 대고지변大故之變 당사오니

오호라 슬픈 애통 일월이 무광이오이다

우리 내외 병원 수발 미흡한 점 있사오나

그 정성을 살피시어 돌아오는 봄이 되면

쾌유하시기를 두 손 모아 빌었건만

애통 애통하오이다

그 엄동설한을 못 이기시고

막내둥이 우리 동생 낭군 따라 독일 유학하고

아들딸 거느리고 금의환향하는 그날을 못 기다리시고

무주공산 황천길 어인 재촉이오이까

오호라 가통한 인생 세월 수상의 부평 같고

산두에 부운이라 전도 애도하옵니다

애통할 사 우리 부주 구원에 가시거든

신명께 호소하사 금지옥엽 우리 동생

명문화벌 名門華閥 성취시켜 요조숙녀 맞아 와서

금상첨화 자황 보시어 만복이 화창하여

해해추동 묘사적과 연년차일 회기일에

만반진수 흠향하시옵소서

오호라 북망산 검은 구름 소녀의 원한인 듯

잠시 울음 정지하고 생전에 맺힌 한 펴볼까 하여
영상을 우러러 뵈오니 아버님은 간 곳 없고
쓸쓸한 혼백 상만 말없이 놓여있으며
피어오른 향불 연기에 타 내리는 촛불 눈물
소녀의 일촌간장 도려내듯 하옵니다

옛날 쓰고 입으시던 의관에는
거미줄만 엉겼을 뿐 말씀 한마디 없으시니
오호라 유명이 달라 옛날 애지중지하시던
그 정념을 아주 길이 잊었나이까
오회 오회라
행운유수 속행광음 삼 년 상도 부족커늘
국법시속 변하여서 기 년 일에 종상되니
이날이 지나오면 기용지물 없어지고
철빈 변복하는 날이라 아연 절박 소녀 마음
호천망극이로소이다

연로하신 우리 어머님 열심으로
불심공덕 닦으시어 불매영혼 不寐靈魂 계시어든

후생에 다시 만나 상전이 벽해되고

일월이 변하도록 경사해로慶事偕老하여

차생의 미진 한을 모두 풀이 하사이다

오호비부 오호통재 한 자 두 자 눈물 모아

비전박주 잔을 쳐서 영결종천 드리오니

아버님 혼령 계시오면 감차대향 하옵소서

오호통재

상향尙饗

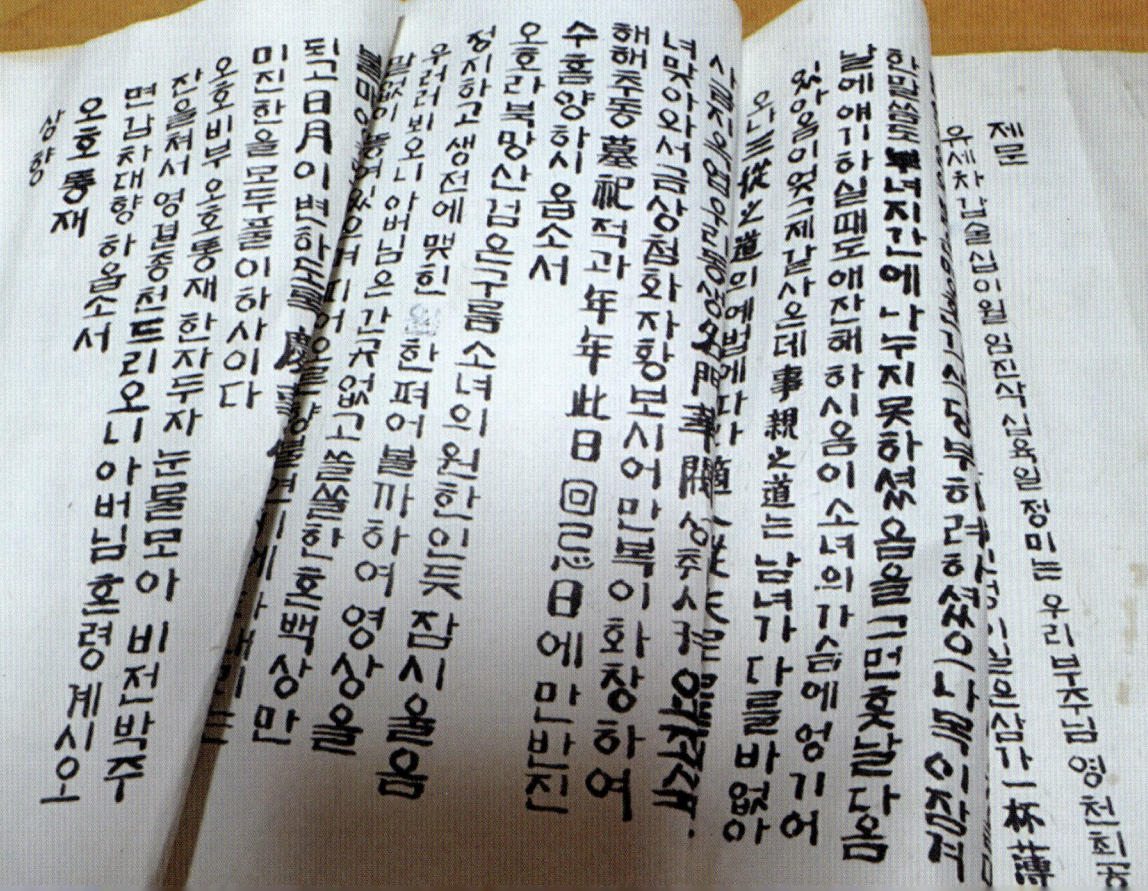

작은 아버지 영전에 올립니다

내 생에 햇불 같은 작은 아버지는
우리엄마 시집을 갔을때 겨우 여섯살
철없는 막내 시동생이라 아들처럼
정을 주고 살뜰히 보살피 셨지오.
어려서부터 총명하여 성적농고 졸업하고
서울대도 충분히 갈 수 있는 실력이나
집안형편 생각하여 성균관대를 선택
장학생으로 입학하여 우수한 성적으로
졸업과 동시에 행정고시에 합격하시고
이화여대 졸업하신 창녕성씨 집안 출신
하늘이 맺은 배필과 부부의 연을 맺으시니
어지신 숙모 또한 며느리 도리를 다해
제삿날이 라 가오면 며칠 먼저 내려오셔서
어머니를 도우시며
작은아버지 큰일을 감당했을 때 뿐
살아가며 의지하여 야할지 막연할 뿐
이 세상에 다시없을 우리 작은 아버지
누구에게 묻고
앞으로
이 세상에서도
혼령이 계신다면 불명 저 세상에도
편안하고 좋은 곳으로 가실줄 믿으며
현명한 질녀가 햇불같은 작은 아버지 영전에
두서없이 몃자 올립니다.

작은아버지 영전에 올립니다

내 삶에 횃불 같은 작은아버지는
우리 엄마 시집올 때 겨우 여섯 살 난
철없는 막내 시동생이라 아들처럼
정을 주고 살뜰히 보살피셨다지요

어려서부터 총명하여 성주농고 졸업하고
서울대도 충분히 갈 수 있는 실력이나
집안 형편 생각하여 성균관대 선택하여
장학생으로 입학하여 우수한 성적으로
졸업과 동시에 행정고시에 합격하시고
이화여대 졸업하신 창녕 성씨 집안 출신
하늘이 맺은 배필과 부부의 연을 맺으시니
어지신 숙모 또한 며느리 된 도리를 다해
제삿날이 다가오면 며칠 먼저 내려오셔서
어머니를 도우시며 효우를 다하셨지요

작은아버지 내외 분은 서울 생활 중에도
농번기에 우리 엄마 부담 덜어드리려고
홀로 되신 할머니를 여름철 한 달씩은
해마다 서울로 모시고 가 효도를 다 하셨고
서울 막내아들네 집을 다녀오신 할머니는
"서울에 비하면 대구는 고령장場보다 작더라."고
우쭐해 하시며 동네방네 자랑하고 다니셨지요
중풍으로 십여 년을 고생하신 할머니는
칠십구 세에 돌아가셨는데 병석에서 자주
"막내아들이 보고 싶다, 보고 싶다."하셨고
그럴 때면 삼촌 내외 분께서 법산까지 다녀가셨는데
가실 때마다 떨어지지 않는 발걸음으로
자꾸만 뒤를 돌아보시던 모습이 선합니다

정치입문 바라시던 아버지의 염원과 달리
문교부와 서울대학교의 교육행정직을 거쳐
서울시 교육감으로 공직을 마치시고
전국 퇴임 교사 모임인 '삼락회'를 창립하셔서
퇴임 교육자의 여가시간을 풍요롭게 하셨지요

작은아버지는 평생 일기를 쓰실 만큼 성실하셨고
뛰어난 필력으로 여러 권의 저서도 내셨지요
칠십오 세에 일본 히로시마대학에서
최고령으로 박사학위를 받으신 분으로
진정 닮고 싶은 나의 멘토이신 작은아버지

아버지께서 못다 이루신 꿈이었던
오암서원 복원사업을 마무리하시고
법산 마을과 오암서원을 가로막은
너른 대가천에 넓고 든든한 다리를 놓아
일가친지 불편을 구석구석 찾아 해결하며
소소한 집안일은 늘 이 질아姪兒를 믿고
의논해주시던 자상하신 작은아버지

강철같이 영원하실 줄 알았던 어른이
노환으로 일 년이 넘도록 병상에 계신 중에
폐렴으로 위중하다는 소식이 전해지나
아버지와 작은아버지 얼마나 다르다고
이 질아는 코로나와 제 소임을 핑계로

작은아버지의 병간호 한번 살뜰히 한 적 없어
죄스러움에 고개를 들 수 없는 지경인데
뜻밖에 태산이 무너지는 듯한 대고지변을
오늘에 당하고 보니 하늘에 닿을 불효를
어찌해야 할지 눈앞이 캄캄하옵니다

생전 집안 대소사에 막힘없이 물꼬를 트시고
사회적으로도 누구나 우러러볼 지도자의 길을
걸어오신 작은아버지께서 오늘 이다지도
황망히 가시면 아우 종하鐘夏나 무지한 저는
앞으로 살아가며 큰일을 당했을 때
누구에게 묻고 의지하여야 할지 막막할 뿐
이 세상에서 다시 못 뵐 우리 작은아버지
혼령이 계신다면 분명 저세상에서도
편안하고 좋은 곳으로 가실 줄 믿으며
이 불효한 질아가 횃불 같은 작은아버지 영전에
서럽고 죄스러움에 엎드려 몇 줄 적어 올립니다

신축년 삼월 스무날
진성 이실이 올림

그리운 언니

삼십여 년 만에 들어선 울산대학교 교정
짙푸른 담쟁이 넝쿨이 휘둘렀던
삼 층짜리 붉은 벽돌 사택 건물 찾아서
이 언덕 저 골짜기를 헤집고 다녀도
옛 건물은 흔적 없고 빌딩 숲만 무성하여
사람도 떠난 뒤면 이렇게 되나 싶어
만감이 교차하고 가슴이 서늘하다
제일 높은 언덕 위에 허위허위 올라보니
건물 위에 아주 큰 원형 접시가 서 있는데
전파망원경이라고 큰아들이 자세히 설명해 준다

자매지만 친구처럼 살갑고도 다정하게
단짝으로 살아오다 놓쳐버린 둘째언니
흔적을 찾아서 아들 앞세워 나선 여행
고운 체에 밭친 듯한 모래가 가득한
방어진 해수욕장 낯익은 해변에는

모래알만큼이나 수많았던 이야기도
여전히 가슴속에 멍울로 남았건만
삼십 년 전 급히 떠난 작은언니는
어느 하늘 별로 뜰지 상상해 본다

대가천 강물을 한 오백 리 역류시키고
세월의 물레를 수십 바퀴나 되돌리며
두런두런 밤새워 옛이야기 하고 싶은데
페이지를 훌쩍 넘긴 머릿속 그림책엔
언니네 삼 남매와 우리 아들 형제 모여
이종끼리 올망졸망 머리 맞대고
허물어질 모래굴을 거듭 파며 장난치던
아이들 환영幻影이 아직도 어른댄다

나이도 비슷하고 아이들도 또래여서
여름, 겨울방학 때면 부담 없이 찾아가
마음 놓고 비벼댄 언덕 같던 작은언니
아직은 내 곁에 있어도 좋을 나이인데
하늘의 시샘으로 서둘러 떠났을까

사춘기에 갑자기 엄마 잃은 이질(姨姪)들이
힘든 중에 무탈하고 올곧게 성장하여
그 시절의 저들만큼 아이들을 길렀으니
고맙고도 대견하여 마음이 흐뭇하다

오암서원 鰲巖書院

죽헌 선조(최항경) 12대 종손이신 아버지는
조선 말 대원군 서원철폐령으로 훼철된
오암서원 복원사업에 집중하셨다
성주군 수륜면 법산리에 자리한
오암서원은 한강 선생 수제자 죽헌 선조와
훌륭한 두 아드님을 모시는 서원이다

아버지는 노후에 오랫동안 병석에
누워계시다 조금만 차도가 있으면
오매불망 서원복원에 관해 고심하셨다

내 생전에 서원을 복원하지 못하면
저승 가서 조상님 뵐 면목이 없다 하시며
복원에 필요한 경비와 도면을 준비하셨다
칠순 되시던 해에 우선 서원 본채
기둥을 세우고 기와를 올렸으나
경비조달을 못 해 공사가 중단되었을 때
그때 나를 데리고 마루에 걸터앉으셔서
긴 한숨을 내쉬시며 생전에 다 못하면
삼촌이 완성하기를 간절히 바란다고 하시며
저 멀리 선영先塋이 계신 칠령재를
바라보시던 모습이 뇌리에 각인되었다

아버지 가신 후 서울 막내삼촌께서
역량을 발휘하여 국비와 도비를 지원받고
문중회를 거쳐 동, 서재를 완성하고
대문 밖에 이층 광영루光影樓를 지으셨다
숭덕재사 개축과 효덕사 신축 후
춘향을 모실 때 생전에 애쓰시던
아버지 모습이 떠올라 가슴을 적셨다
현재 춘추 향사는 13대 종손 종하鐘夏가 모신다

외갓집 가는 길

설 쇠자 대구에서 무섭게 퍼지던 코로나가
빈틈없는 방역과 시민의 자발적인 격리로
3월 지나 4월 되자 확산세가 주춤해졌다
오랜 격리로 우울해진 마음도 달랠 겸
방학마다 외갓집 가던 산길을 떠올리며
혼자 자동차에 앉아 시동을 걸었다

평생을 살아오며 기억하는 길 중에서
가장 아름다운 추억이 깃든 길은
방학 때마다 외갓집을 향해 가던
꼬불꼬불 이어진 육십 리 고갯길이다
지금 생각하면 초등학생 꼬마 여자애가
그 험한 산길을 어떻게 다녔나 싶지만
어머니가 싸 주신 작은 선물 보퉁이가
덜렁대며 허벅지를 연달아 때려대도
외갓집 가는 길은 신나기만 했다

    외조부모님은 안 계셔도 외숙모님이
    방학 때마다 반갑게 맞이해 주셨다
    견문 있는 한강 선생 집안에서 시집오신
    외숙모님이 해 주시는 주전부리를 먹으며
    곳곳에서 온 또래 이종사촌들과 놀다 보면
    개학날은 왜 또 그리 빨리 오나 싶었다

    성밖숲을 지나 외가가 보이는 집실로 들어서자
    마을 앞에 떡 버티고 선 느티나무가
    예전처럼 풍성한 가지에 잎을 내고 있다
    마을로 들어서자 인적 없이 고요한
    옛집들이 그대로 자리를 지키고 있지만
    옛사람은 다 어디로 갔는지 정적만 감돈다
    방학 때마다 두 팔 벌려 반겨주시던

외숙모님은 오래전에 고인이 되셨고
팔순 넘은 외사촌 형님은 어디로 가셨는지
담장 너머로 보이는 마당가 너른 텃밭에
봄 맞은 푸성귀만 나풀대고 있었다

오래전에 터를 잡은 인동 장씨 집성촌인
외가는 일족이 대체로 넉넉하게 지냈다
이 집에서 외삼촌과 우리 어머니와
세 분의 이모님이 나고 자라셨는데
그때는 모두 집안을 따져 혼인을 했으니
맏딸인 어머니는 영천 최씨 우리 집으로
큰이모는 고령 쌍림 현풍 곽씨 종부로
막내이모는 씩실 광준 이씨 집안으로
한 분은 우리 집과 외갓집 사이에 있는
수성리 한강 선생 집안으로 출가하셨는데
외갓집 가는 도중 수성리 이모댁에 들러
쉬면서 이모님을 만나는 재미도 쏠쏠했다
칠봉리에는 한강 선생 집안으로는 출가하신
유촌마을에 큰고모가 살고 계셨고

일제강점기 독립운동에 앞장섰던 교육자
의성 김씨 심산 김창숙 선생 생가 사도실에도
심산 선생과 재종 간인 작은고모네가 있었으니
성주 땅 구석구석 이름 있는 동네마다
반겨줄 피붙이가 한 분씩은 다 계셨다

나와 단짝으로 다니던 작은언니는
벌써 삼십여 년 전에 병으로 세상을 떴고
작년에는 큰언니가 80세로 돌아가셨다
3년 있다 오겠다던 막내동생 성자는
독일에서 아헨대학 교수로 자리잡고
이질녀 예원이는 아헨시의원 활동 중이라
예전처럼 친정 혈육 만나기도 쉽지 않다
상담심리학을 전공하여 백석대학 교수로
재직 중인 바로 아래 동생 애숙이는
웰다잉 전국협회 회장직을 맡아서
전국구 중요 인사되어 강의요청 쇄도하나
업어 키운 언니라고 바쁜 업무 중에도
노년들어 헛헛해진 내마음을 위로하며

수시로 다독이니 흐뭇하기 그지없다
무정한 코로나 시대 고향 옛길 동행은
작은아들이 사준 자동차뿐이다
사십여 년 전 남편 몰래 운전을 배운 것은
내 인생에서 가장 잘한 일인 것 같다

4장

일일신 日日新

사람의 향기

나는 인복이 많은 사람

김춘희 여사님 내외 분을 만난 일은
내 생애 큰 행운이라 할 수 있다
지역사회를 위한 큰일을 하시면서
주위 사람을 넉넉한 인품으로 끌어안는
따뜻한 가슴과 뜨거운 열정을 가지신 분
진솔한 마음으로 사람을 대하는 자세는
더러는 내 마음밭을 기름지게 했고
삶을 새롭게 할 큰 언덕으로 다가왔다

여중군자 강독회에서 공부한 칠 년 동안
네 차례 중국 유적지 답사에 동행하며
견문의 폭을 넓혔음에 감사드린다
여행지에서 저녁마다 차 자리를 마련하여
이문회우 이우보인 以文會友 以友輔仁을
회원 간에 만끽하도록 하셨다

2009년 일본 북큐슈 지역으로 떠난
관광 인프라 구축 벤치마킹을 위한
여행에서도 저녁에 차 자리를 마련하여
일행 간 서먹한 분위기를 해소해 주셨다
언제 통화를 해도 다정한 목소리로
'종부님'이라 불러주시는 김춘희 여사님은
이십여 년 이어진 만남으로 종가 살림의
유지, 관리가 힘들다는 사정을 알아주셨다
"내 살림 내가 사는 일이니 타인이나
관에 유세할 일이 아니다."라고 해도

전통을 잘 보존해 주어서 고맙다고 하셨는데
이런 격려 말씀 한마디는 그동안 살아온
시간이 큰 보람과 자랑으로 남도록 한다

지난여름에 여사님을 찾아뵈었다
여유시간에 십자수를 놓는다고 하시면서
고운 수를 놓은 삼베 이불을 보여주시며
"우리가 100세 인생을 산다고 하는데
그러면 앞으로 남은 1/4은 무엇을 하며
살아야 하나?" 하시던 모습이 애틋했다
사회적으로 드러난 활동을 하신 분이라
지금은 타인을 위한 배려 차원에서
스스로 사생활의 폭을 줄이시는 듯하여
뵙자니 애잔한 마음이 들었다

'막현호은 막현호미 莫顯乎隱 莫顯乎微'라는
중용 中庸에 나오는 문구가 생각난다
숨겨진 것보다 잘 보이는 것은 없고
미세한 것보다 잘 드러나는 것은 없다는 뜻이다
김춘희 여사님의 드러내지 않는 언행에서
언제나 훌륭한 인품을 느낄 수 있다

각각 다른 환경에서 한 집안으로 시집와서
법으로 만나 동기 간 된 우리 사 동서, 육 남매
용렬하고 허술한 사람을 맏형이라고
믿고 의논하고 따라주는 우리 남매들
집안 행사 있을 때마다 몸과 마음 아낌없이
진심으로 도와준 동서들이 고마웁다

연달아 이어지는 크고 작은 문중 행사
성가시다 않으시고 솔선수범 일을 찾아
차근차근 보살피고 다독이는 감천 양반
격려의 눈길과 살뜰한 손길로
언제나 든든함을 느끼게 해 주시는
근원거리 계시는 살가운 집안 어른들
부족하고 불민한 이사람을 허물찮고
믿고 감싸주신 문중 어르신들께
지면으로나마 감사함을 전하고 싶다

삼십여 년 봉사활동을 같이한 현복이와 정희
이웃으로 함께한 아파트 부녀회원 이숙자
환갑이 지나 만난 속 깊은 순희와
푸근한 동임이는 모두 귀한 친구들이다

뜻 맞고 시간 맞아 친구가 되었다가
헤어진 사람도 부지기수이지만
때와 장소를 가리지 않고 손만 뻗으면
조건 없이 달려와 줄 수 있는 친구로는
여고 동창 용순이가 제일 먼저 떠오른다

홀트복지관과 대구종합복지관 등
이십여 년 봉사하러 다니다 환갑 언저리에
대학 사회복지과를 같이 다니며
이제는 대학 동창이라 말하자며 웃었다
나와 같이 대구여성박약회를 몇 년 전후로
이끌고 있는 첫손가락을 꼽는 친구 이용순
중년에서 노년에 이르도록 뜻을 같이하며

여러 분야를 동행해 온 혈육 같은 친구
오랜 세월 동안 속내를 드러내어
위로를 받는 쪽은 언제나 나였으리

긴급히 손짓하여 도움을 요청하면
밤낮을 안가리고 득달같이 메뉴 짜서 레시피 적어
달려와 주는 한국음식 명인 요리전문가 남영숙 교수

토란잎 우산 쓰고 산길 들길 등교하던
철없던 시절 지사국민학교 동창들
60년이 지났지만 빈부나 반상을 초월한
기분이, 영숙이, 미정이, 순점이 등등

여고시절 문학을 논하였던 희숙이는
서울에서 문예활동의 영역을 넓히고 있으나
지금은 건강이 좋지 않아 안쓰럽다

국민학교 졸업 후 미술에 소질 있어
서울로 유학 가서 유명 미술가가 되어
승승장구한 친구 향숙이는 몇 년 전

TV 화면을 통해 나를 알아보고 전화했다
이십 년을 연락 한번 없이 살아도
"너는 나의 친구 서열 20위 안쪽이라고."
오랜 세월 지났지만 어제 만난 친구 같다

근래 영남내방가사연구회에서 같이
공부하며 서로에게 스승이 되어주는
지원, 혜완, 한들 등을 감히 친구라 불러본다

'익우삼인益友三人'이란 말이 있다
나에게 이롭고 보탬이 되는 세 부류의 친구다
첫째, 단정하고 정직한 친구
둘째, 진실하고 마음이 넓으며 긍정적인 친구
셋째, 어렵거나 즐거운 일이 있을 때
서로 흉금을 털어놓고 의논할 친구이다

만약 이런 친구가 둘 이상 있다면
인생을 제대로 산 사람이라고들 한다
그럼 나도 인생을 제대로 살았다는 이야긴가

여중군자 강독회

십 년 전쯤 어느 귀한 분의 추천으로
사서四書를 공부하는 모임에 동참했다
오 년간은 논어論語, 대학大學, 맹자孟子, 중용中庸을
그 당시 대구에 있던 경북도청 공관에서
수요일 저녁 일곱 시부터 두 시간씩 공부했다
이십여 명 강독회 구성원은 주로
주부, 교수, 여성 단체 회장들이었다

위덕대 재임 중인 박희택 교수님을
매주 초빙하여 강의를 들었는데
교수님은 한문 외에 해박한 지식으로
졸거나 지루해할 틈을 주지 않았다
그러한 인연으로 박 교수님은 나에게
<소현당素絢堂>이라는 호를 지어 주셨는데
논어 팔일八佾편 제8장에 나오는 문장으로
'바탕을 갖추고 문채를 더하여 완성됨'

이라는 나에게는 너무나 과분한 뜻이다
지식이 얕은 내가 할 수 있는 것은
지각 결석하지 않는 성실한 태도뿐

공부 중 공자, 주자, 정이천의 자취 따라
네 번에 걸친 중국 현지 답사여행도 했다
공자 고향 노魯나라의 수도 곡부曲阜에서
공묘孔廟, 공부孔府, 공림孔林을 구경하고
논어비원論語碑苑 등을 두루 답방하였다
맹묘孟廟는 공묘보다 규모는 작으나
입구 문에 새겨진 도천리산道闡尼山이
맹자의 위상과 사상을 집약해 주고 있었으니
우리가 흔히 알고 있는 맹자 어머니의
위대한 교육사상이 맹모단기孟母斷機, 맹모삼천孟母三遷
삼천교자三遷敎子, 모교일인母敎一人
추국단범선헌부인(鄒國端範宣獻夫人/추나라의 단정하고 모범적인 부인)이란
위패로 모셔져 있음을 볼 수 있었다

마지막 여행지는 우루무치 자치구다

가스, 석탄, 휘발유 등 천연자원이
풍부한 이 사막이 일억 년 전에는
바다였을 거라는 추측을 뒷받침하듯
싸락눈 쌓이듯 소금이 흩뿌려져 있다
사막의 자원인 세계 최대 풍력발전소를
증명하듯 온 들판에 선 석유 시추기가
우리나라 들길에 경운기 널린 듯하다
선종의 본산인 소실봉少室峰에 있는
총림叢林이라는 뜻을 가진 소림사少林寺와
어마어마한 규모의 진시황秦始皇 묘역도 답사했다

단체로 진시황제의 장대한 묘역을
답사할 때 동행해서 해설한 공직자가
'진시황제를 폄하하는 쪽으로 표현을 했다.'고
일행 중 남편이 진씨인 한 회원이
노발대발해 따지겠다고 벼르는 걸 보고
밤이 되어 조용히 다가가서 대화하며
"일을 크게 벌여 얻을 것이 무엇이냐?
전체 여행 분위기만 망치지 않겠냐?"고

좋은 말로 말렸더니 다음날 일행에게
"노송정 종부 말을 듣고 조용히 넘어간다."고
말하고 넘어간 일도 있었으니
세상을 살다 보니 늙음이 주는 지혜는
시간이 가면 알아진다는 것이리라
사람의 근본 도리를 벗어나지 않으며
누구와도 쉽게 맞서지 않으려 애쓴다

마지막 2년간은 안동유도회관에서
목요일 저녁 일곱 시부터 두 시간을
권진호 박사님께 논어, 맹자를 배웠다
국학진흥원 연구부장으로 재임 중이던
박사님은 어려운 문장을 재미있게
설명하는 탁월한 재주를 가진 분이다

우리는 교수님의 상세하고 재미있는
해설을 들으며 국내서원 답사도 했다
아이들이 초등학교에 다니던 삼십 년 전
대구향교 성균관 유도회에서 주관하는

명심보감과 천자문을 공부한 것들이
사서를 배우는데 조금은 밑거름이 되었을까
기소불욕 물시어인 己所不欲 勿施於人
신기독 愼其獨
술이부작 述而不作
사무사 思無邪
사소과 赦小過
윤집궐중 允執厥中
대학을 배울 때 명명덕 明明德 신민 親民 지어지선 止於至善
소학은 입교 立教 명륜 明倫 경신 敬身 등

가끔 막일하는 중에 뜻이 명확하지 않은
단어들이 머릿속에 흐릿하게 떠올라도
금방 찾아 밝게 익힐 형편이 못 되어
그냥 지나치고 잊어버리기 다반사였다
때로는 한문으로 내 이름 석 자도
못 쓸 것 같은 우려도 되었으나
다행히 배운 글의 깊은 뜻을 가슴에 새겨
내 것으로 만들었던 부분도 있었던 것 같다

'상대에게 잘해 주려하기 보다
상대에게 상처를 주지 않는다.'
아홉 번 잘해 줘도 한번 상처를 주면
쌓은 복덕은 사라지고 관계가 단절되니
상대의 작은 허물은 그냥 넘기기로
일상생활에서 실행하려 애를 써본다

나에게 돌아오는 거슬리는 말이라도
일단은 인지하며 '그렇구나.' 생각하고
다음은 수용하며 '그럴 수도 있지.'
새삼 깨치면서 '그래도 감사하네.' 하고
되뇔 수 있는 번뇌 치유를 하게 되어
행복한 인생을 살 수 있게 노력하고 있다
'격랑 속에서도 기뻐하거나 두려워하지 말게나,
할 일 다 했으니 더는 걱정 마시게.'
도연명의 시 '신석神釋'의 마지막 구절이다
세상의 끝이 보이지 않을 것 같던
격동의 세월도 머잖아 다 지나가리

상대의 사정과 상황에 공감하고
허물의 근원을 자신에게서 찾지 않고
상대에게서 찾은 뒤 상대가 어떻다고
규정짓고 지적하지 않을 것
상대방을 주어로 한
'너- 전달법'은 불화를 불러오고
나 자신을 주어로 한
'나- 전달법'은 평화를 가져오리
그동안 공부한 것을 어슴프레하게나마
토막토막 가슴으로 익혀온 것들이다

과거의 인因이 현재의 과果로 나타나고
현재의 인이 미래의 과로 나타난다
과거-현재-미래 삼 세에 걸쳐서
인과응보의 이치가 무한 순환됨을 말한다

그렇기에 전세前世에 지은 인을 알고자 하면
금세今世에 받고 있는 과를 보면 알게 되고
내세來世에 받을 과를 알고자 한다면
금세今世에 짓는 인을 보면 되는 것이다

몸집이 커지고 지식이 늘어나며
지위가 높아지고 물질 여유 풍족해도
성숙한 인간이 되는 일은 쉽지 않다
성장은 저절로 이루어진다 해도
성숙은 저절로 되지 않는 법이다
늙음은 정서와 심리적으로 안정되어
성숙된 어른으로 가게 되는 동시에
이웃과 공동체의 거울 역할을 하는
현자賢者가 되어가는 시간이라 생각한다
여중군자 강독회에 나가서 배운 것은
'가는 사람 잡지 않고 오는 사람 막지 않는다.'는
맹자의 인연 수용과 교육의 철학이다
경전을 한문과 문구로 공부한 게 아니라
뜻으로 가슴에 담는 공부를 했던 것 같다

박약회와 내방가사

'박약회'라는 단체는 1987년에 설립된
사단법인으로 전국적인 유학자 모임이다
'박약회'의 어원은 '博學於文 約之以禮(박학어문 약지이례)'라는
논어에서 따 온 말로 고유의 유교문화를
연구, 계승, 보급하며 유교문화의 장점을
현대에 맞게 생활화하는 것에 목표를 두고 있다

대구에는 2008년에 결성된 '여성박약회'가 있다
여성박약회는 본회와 별도로 두 달에 한 번씩
모임을 가지면서 친목을 쌓고 교양을 넓힌다
나는 2대 회장을 맡아서 활동했으므로

대구여성박약회에 대한 애착이 크다
회원들은 늘 배움에 열심이셨고 그중에는
내방가사를 하는 분들이 여럿 계신다
어려서부터 내방가사를 하시던 분들은
가사 사랑이 커 정기 모임이 있을 때마다
가사를 읽으셨고 노인정을 찾아다니며
내방가사를 낭송하는 봉사활동도 하고 있다

'내방가사'는 조선시대 말기부터
안동을 중심으로 한 영남지방 반가班家의
여인들이 즐겨오던 한글 문학이며
세계에서 유일한 여성 집단 문학이다
우리 윗대 여인들의 눈물과 한숨 섞인
애환과 삶이 오롯이 녹아든 글이다
4·4조의 리듬이 있는 내방가사를
두루마리 술술 풀어가며 읽다 보면
그 시대 어머니와 할머니의 삶이
현재의 내 삶과 겹쳐 보이기도 하고
여성의 삶의 질이 예전보다 나아진
이 시대를 사는 것에 감사함도 생긴다

근래 내방가사가 기록 유산적 가치를
인정받으며 세계기록유산 등재 추진 중이다
안동에는 리더십이 뛰어난 이선자 회장이
장기간 이끌어 온 '내방가사전승보존회'에
어릴 때부터 내방가사를 쓰고 읽으며
즐기시는 안어른들이 아직도 많이 계신다

여학생 시절에 대부분이 그러하듯
나도 한때는 단발머리 문학소녀였다
학창시절에는 글을 읽고 쓰기를
게을리하지 않았으나 결혼과 육아
종부로서 빠듯한 세월을 살다 보니
오랫동안 차곡차곡 접었던 문학의 꿈과
가슴 깊이 묻혀 있던 감성들이
어느새 내방가사의 매력 속에서 피어났다

초기 멤버 중 권순주, 이만식, 조명자
김화자 선생님 등이 같이 활동하신다
초기에 활동하신 분 중 이미 돌아가셨거나
노환으로 활동을 접으신 분도 몇 분 계시며

그중에 이미 고인이 된 권남이 어르신은
내가 내방가사를 쓰고 낭송할 수 있도록
여러모로 격려와 가르침을 주셨고 덕분에
2014년도 전국 내방가사 경창대회에서
'종부소회가' 낭송으로 장려상을 수상했다
지금은 대구여성박약회 회원으로 구성된
'대구여성박약회 영남내방가사연구회'가 생겨
3년째 활발한 활동을 하는 중이다

최근에는 권숙희 회장의 폭넓은 활동으로
고유번호를 받은 등록단체로 인증되었다
비교적 젊은 회원들이 가입하는 추세로
내방가사가 과거의 문학이 아니라
현재에도 활발히 쓰고 읽히고 발전하는 것이
더없이 다행한 일이라 생각한다

2020년 병산서원屛山書院 1박 2일 인문 캠프 중에
만대루晩對樓에서 가사를 읽으며 득호식得號式을 했다
오랫동안 깊숙이 접고 있던 문학의 끈을
여유가 생길 때마다 조금씩 풀어내어
삶을 기록하는 가사를 써 보려 노력하리

종가 포럼 forum

조상님의 신위神位가 계시는 사당아래
대를이어 맏이로만 이어내린 집있으니
사람들은 이런집을 종가라고 부른다네
유교문화 선비정신 오롯이 간직하고
한문중의 중심으로 가문을 지켰는데
영남지방 특별하게 종가전통 잘지켜서
경상북도 둘러보면 문화재로 지정된
종가와 고택들이 백이십여 곳이되네

안동에서 청량산길 국도따라 칠십리길
진성이씨 온혜파의 노송정 종택이라
조선시대 임진왜란 병자호란 국난당해
아무리 어려워도 조상님의 신주神主는
목숨보다 귀히여겨 대대손손 전해왔네

경북도가 주최하고 국학진흥원이 주관하는

종가포럼 가을마다 경북에서 열리는데
십년넘게 진행되니 이또한 역사되네
오랜세월 켜켜이 쌓인가풍 몸에밴
영남지역 종손들의 모임인 '영종회'와
봉제사와 접빈객으로 헌신의 삶을사는
대구경북 종부들의 모임인 '경부회'가
중심되어 후원하고 적극참여 한다네
예술가들 초대해서 기념공연 구경하고
저명인사 초청해서 학술강연 듣게되니
각종가에 전해오는 정신문화 드러나네
타지역의 종가초청 양해각서 교환하니
다른지역 종가문화 엿보기도 흥미롭네

주제정해 여러가지 전시회도 개최하니
그중에도 종부들은 각문중에 전해오는
전통음식 선보이니 손님맞이 주안상과
계절마다 색다른 다과상과 혼례상
제상차림 등등으로 솜씨자랑 장이되니
지역따라 문중따라 갖은음식 선보인다
집집마다 가가예문 음식들도 다양하고
음식마다 전해지는 이야기도 갖가지라
종가문화 다모이면 대한민국 문화된다

당연히 노송정도 출품을 하다보니
오년전 종가포럼에 가양주도 선보였다
그때맛본 좁쌀청주 입소문이 계기되어
올해에는 좁쌀소주 '노속주'를 출시했다

이천십팔년에는 안동반가 주안상에
우족편과 송이전, 문어숙회, 육포, 율란
문어보푸리, 솔순장아찌, 안주로 출품하고
작년에는 소박한 퇴계밥상을 문헌대로
선보여서 내빈들께 큰관심도 받았었네
보리밥에 시래깃국 세가지의 나물반찬
손님으로 찾아온 좌의정을 대접한
정승맞이 상차림이 이토록 소박하니
검소한 퇴계선조 일상이 짐작된다

종가포럼 제1회때 영남대학 천마아트
대강당서 종부중에 특별강사 지목되어
종부의삶 주제로 이야기를 풀어갔다

차종손의 혼인문제 어려움이 있었으나
요즘세상 종부자리 탐내는이 없으니
자리뺏길 염려없고 정년조차 없으며
제사또한 잦으니 배곯을일 없다했다
유림회원 종가관련 오륙백명 관중들의
뜨거운 박수소리 아직도 생생하다
그중한분 하는말씀 종부가 못된것이
후회된다 하시니 자부심도 고개든다

조상대대 진한피로 흘러내려 이어진곳
자손만대 곧은정신 유구히 흘러갈곳
종가는 한문중의 자랑스러운 역사이자
우리나라 대한민국 역사의 물줄기다
한집안의 담장안에 조용하게 머무르던
종가의 일상들이 세상으로 외출하니
세계화 시대에 토속문화 드러난다
십여년간 이어지던 종가포럼 큰행사가
올해는 코로나19 여파로 취소되니
아쉬움과 허전함에 한줄글을 지어본다

민망하고 장한 일들

칠십 되던 2017년 농진청 추천으로
서울 더 프라자호텔 한식부에서 실시한
'종가음식 시연 시식회'에 참여했다
전국에서 열두 문중이 출품 출연했다
노송정 내림 음식을 꼼꼼히 준비하여
사흘 동안 시식 겸한 전시를 하였다

매일 방문하고 식사하신 저명한 노신사가
"서울에서 이런 종가음식을 먹을 수 있어
영광이고 고맙다."며 극찬을 하고 갔다
출품한 메뉴로는 집장과 몇 가지 명태요리
고추부각, 더덕요리, 전복조림 등이었다
그때 마침 칠순이라 행사하는 호텔에서
무료 파티를 하는 호사를 누리기도 했다

2019년 5월, '영국여왕 엘리자베스 2세

하회마을 방문 20주년 기념'으로
여왕의 둘째아들 앤드류 왕자가 방문했다
20년 전 방문한 여왕의 칠순에 맞춰
하회마을에서 큰상으로 꾸며 드려서
한국 전통음식의 다양하고 우수함을
온 세계에 드러낸 전례가 있었다
예로부터 귀한 손님을 맞이할 때는
정성껏 큰상을 차려 예를 다했는데

제대로 된 큰상 차림은 손이 많이 가고
오래전부터 계획하고 재료를 준비해
여럿이 힘을 합쳐야 온전한 작품이 된다
큰상 차림은 솜씨 있는 아낙이 공동으로
펼치는 한편의 행위예술이기도 하다
이번 앤드류 왕자를 위한 큰상 차림은

김행자 회장님과 예절원 회원들의 손을 모아
47가지의 우리 지역 전통음식을 차렸다
이번 일은 영상으로 널리 알려지고
각계의 관심과 칭찬도 많이 받아서
전통문화 알린 일이 자부심으로 남는다

2019년 9월 서울 국립 중앙도서관
국제회의실에서 실시한 한식 심포지엄에서
다식 체험 및 강의와 시식회를 하였고
국학진흥원에서 주관하는 안동국학 아카데미
'인문정신과 음식문화'라는 프로그램에서
<종가음식의 의례적 성격>이라는 주제로
체험을 겸한 강의를 하였다
노송정 본가에서 다식 및 종가음식 체험
혜전대학 문화체험, 미래경영 연구소
안동농업기술센터, 공무원 교육원
종가 관련 강의 등 기회가 있을 때마다
우리 전통음식 문화를 알리기에 힘써 왔다

2020년에는 코로나19에 부딪혀
세계 김치 연구소에서 예정했던
콩잎 물김치, 우엉 물김치, 가지 김치 등
노송정 전통음식 시연 행사가 연기됐다
경복궁에서 개최하기로 한 다과 체험도
모두 뒷날을 기약할 수밖에 없었다

대부분의 종택에서 한옥 스테이를 한다
노송정에 오는 내, 외국 숙박객들에게
직접 차린 아침상을 정성으로 제공하면
아침을 안 먹는다던 사람도 맛있게 먹는다
그냥 우리 식구 먹을 거라 생각하며
집밥으로 했을 뿐인데 감사한 일이다
스위스에서 온 여행객은 서툰 발음으로
"반찬 접시를 다 핥았다."며 엄지를 치켰다

조리를 체계적으로 배운 것도 아니고
특별한 솜씨가 있는 것은 더욱 아닌
시골 아낙의 안목은 여전히 미숙하다

어릴 때 친정어머니 하시는 것을 본 대로
시집와 손님 접대에 나름대로 응용하며
그냥저냥 정성 들여 차렸을 뿐인데
우연히 한두 사람 입을 오르내린 것이
지금 여기까지 온 게 아닌가 싶다
닥치는 대로 엄벙덤벙 살아왔지만
조상님이 깔아주신 노송정 종부라는
자리 덕에 분에 넘친 기회도 주어지고
때로는 남다른 예우를 받는 것 같아
늘 민망하고 감사한 마음뿐이다

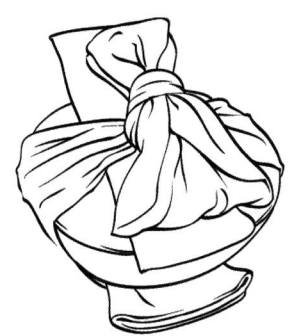

5장

우일신
又日新

나눔의
행복

경부회

2009년 6월 경상북도 주관으로
고택 관광 인프라 구축을 위한
일본 북큐슈 지역 견학을 다녀왔다
도지사 사모님인 김춘희 여사 인솔로
각 문중 종부 십여 명이 동행했는데
대체로 초면이라 데면데면한 모습을 보고
사모님께서 종부들이 정규적인 모임을
가지면 좋겠다는 의견을 주셨다

귀국 후 바로 종부 모임을 추진했다
대구경북 각 문중과 시군 행정기관에
추천을 받아 8월에 육십여 문중
종부님들이 처음으로 한자리에 모였으니
대구경북 종부회인 '경부회'의 시작이다

종손들은 타 문중 향사享祀나 여러 유림 행사에

참석하면서 안면을 터 각 문중 내력도 익히고
어느 문중 종손이라 하면 대부분 알 수 있지만
담장 안에 주로 머무르는 종부들은
친가, 시가로 연비연사(서로 이어진 친인척)가 아니면
생면부지生面不知인 사람들이 대부분이었다

김춘희 여사님을 명예회장으로 모시고
한사코 사양하는 의성 김씨 학봉 종택
덕망 높은 이점숙 종부님을 만장일치로
회장으로 선출하고 총무 역할을 맡은 나는
낯가림하는 회원을 아우르는 데 힘썼다

대동소이한 처지에 있는 회원들은
허물없이 공감하고 애환을 털어놓는
친구가 되는데 많은 시간이 필요 없었다
크고 작은 여러 단체 모임이 있지만
돌아보면 이 모임 결성은 참 잘한 것 같다

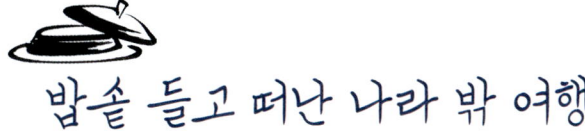
밥솥 들고 떠난 나라 밖 여행

2015년 4월 4일은 경부회원 종부님들
손꼽아 기다리던 단체여행 떠나던 날
8박 9일 여행길에 책임 인솔 맡게 됐네
인천공항 가기 위해 대구 출발 안동 거쳐
경부회 회원 중에 반수 참여 이십육 명
한 문중에 여성 리더 같은 위치 종부들이
처음 하는 유럽여행 함께 떠나 즐거웠네

외국여행 자주 하신 종부님도 계시지만
비행기를 처음 타는 종부님도 계셨는데
공항에서 통과할 때 지체되는 회원님들
영문을 알고 보니 지문인식 안된다네
평소에 무슨 일을 그리 많이 하셨길래
지문조차 지워져서 이런 난관 겪으실까
같은 종부 처지 되니 이심전심 아린 마음
육십이면 젊은 편인 연로하신 종부님들

처음 하는 유럽여행 좋은 기회 맞았으니
그중에는 불편한 몸 이끌고도 동참했네

출국 일을 앞두고서 몇 날 며칠 구상하다
회원 체크 편하도록 육칠 명씩 조를 짜서
젊은 회원 맡겨보니 평소에는 다소곳한
얌전둥이 집실댁이 조장 소임 다하느라
인원 파악 보살핌 등 똑 부러진 책임 완수
명창 가수 주실댁은 가무 전문 오락부장
버스 이동하는 동안 즐거운 웃음 주고
새로 맞은 며느리는 분홍색 봉투에다
회원마다 행운의 일 달러를 선물하니
시어머니 후덕함이 대물림해 칭송받네
안쓰럽고 측은한 의인댁 거동 보소
평생 모신 시아버지 노환으로 계시다가
구십 사세 운명하신지 얼마 되지 않았다고
망설이다 등 떠밀려 마지못해 따라나선
죄책감에 의기소침 창밖만 내다보네

이스탄불 도착하여 자그레브 관광하고
다음날 슬로베니아 브레드성과 동굴 관광
처음 보는 경치들이 놀랍기는 하지마는
바람 불고 추운 봄날 아름다운 궁전도
크로아티아 해변 길 몬테네그로 검은 산과
코트로의 절경도 배고프면 눈 밖이라
칠팔십 년 밥심으로 살아오신 노 종부님
빵만 먹고 힘이 빠져 기진맥진하실 적에
준비해간 우리 쌀과 전기밥솥 유용하네
햇반이 있었으나 식당 사정 무용지물
첫날에는 컵라면을 미지근한 물에 불려
빵과 같이 먹고 보니 밥 생각이 간절하여
이튿날은 새벽부터 조금 일찍 일어나서
서너 솥씩 밥을 해서 준비해 간 반찬들을
풀어내어 상 차리니 꿀맛으로 드신 후에
접혀지던 허리 펴고 목소리도 높아졌다

집안 딸네 온혜댁은 나와 같이 한방 쓰며

새벽잠을 설치면서 나날이 밥을 하고
없는 그릇 구해 오라 무작정 내쳤으니
호텔 계단 오르내려 이방 저방 기웃기웃
낯선 곳에 헤맨 일도 오래도록 못 잊으리
쌀 닷 되를 소진하고 가벼워진 귀국 가방
검재형님 하는 말씀 팔십 평생 살았지만
밥솥 들고 가는 여행 처음 봤다 하셨지요

몇 날 며칠 긴 여행에 체력이 기진하여
다리가 불편하신 종부님 두 분께선
지팡이에 의지하여 끝까지 동행하니
불굴의 의지에 존경심이 절로 솟네
여린 꽃 같은 맛질댁이 무사 여행하신 것은
서울댁이 한방 쓰며 세심하게 보살핀 덕
번계댁 두루댁과 국난댁 종부님들
친가, 시가 인연으로 숙질 되고 남매 되어
희담농담 밤을 새며 오손도손 우애 좋다
하회댁과 승호댁도 외숙모와 생질녀 간
하회댁과 보은댁은 외종 동서지간이라

연비연가 여러 종부 영남지방 종가 혼맥
몇 사람이 둘러앉아 촌수를 맞춰보면
집안마다 관계있어 행동거지 조심된다

크로아티아 흰 성벽을 구경하고 오는 길에
케이블카 기다리며 흰 바위를 구경하다
스쳐 들은 농문댁 내외분의 통화 음성
종손 어른 종부님의 건강 식사 염려 지극
옆에서 듣기에도 자상하고 따뜻하다
종손 직함 가진 분 중 저런 분도 계셨네요

스플렛 골목상가 자유여행하던 중에
김자옥이 즐겨 신던 빨간 구두 구경하고
노상공연 광장에서 진성 이씨 다 모여서
기념사진 찍자 하니 오십 프로 진성 이씨
며늘네도 끼워주니 셋 중 하나 일가더라
트로퀴즈 구경하고 뒤 쳐진 회원님들
먼저 와서 기다리다 지쳐버린 회원들께
오래도록 잊지 못할 향기로운 맛난 커피

사주셨던 웃갓댁도 너무 많이 고맙고요
볼거리가 넘쳐나는 바쁜 일정 도중에도
이스탄불 맥도날드 창가에 앉아서
종부 자리 중한 책임 잠시 잊고 담소하며
햄버거와 콜라를 먹으면서 회상하니
우리들도 한때는 꿈 많았던 소녀였네
돌이켜 생각하면 세월이 무상하다
고대광실高臺廣室 기와집도 종부라는 이름도
잔잔하고 아름다운 저 바다에 잠시 묻고
아름다운 해변 따라 아기자기 예쁜 집에
이름 없는 여인 되어 도란도란 살고 싶소

8박 9일 긴 여행이 어이 그리 빨리 가노
8일간의 발칸반도 여행 일정 꿈결같이
마치고서 이스탄불 국제공항 모여 보니
종부로서 지낸 일상 잊고 지낸 시간 속에
몸이야 지쳤지만 마음만은 가뿐하네
탑승시간 기다리며 이구동성 하는 말이
이전의 시간으로 돌아가기 싫다 싫어

열두 시간 비행 끝에 인천공항 도착하니
내일부터 적금 넣어 해외여행 또 가잔다
종부 없는 종택은 기름 없는 등잔이니
어서어서 집으로 가 소소한 일상 속에
마일리지 쌓아가며 최선 다해 살아보리

나를 키운 봉사활동

어영부영 짜투리 시간을 헛되게 보내는 것은
타고난 내 성향에 맞지 않는데
큰아들이 중학생이 되니 조금 한가해졌다
친구와 주부대학을 다니기도 하고
구청에서 운영하는 여성대학도 다니면서
뜻 맞는 친구와 어울려 공부하던 중
봉사활동도 겸하자는데 마음을 모았다

금전적으로 타인을 도울 형편은 못되니
노력으로 할 수 있는 일을 찾아보았다
구청 추천으로 홀트복지관과 인연 되어
한 달에 두 번씩 오전 시간을 활용하여
밥, 국과 세 가지의 반찬을 조리하여
배달 봉사자에게 인계하는 일이었다
독거노인들께 도시락을 전해 드리려고
경제적으로 후원하는 사람들도 있었지만

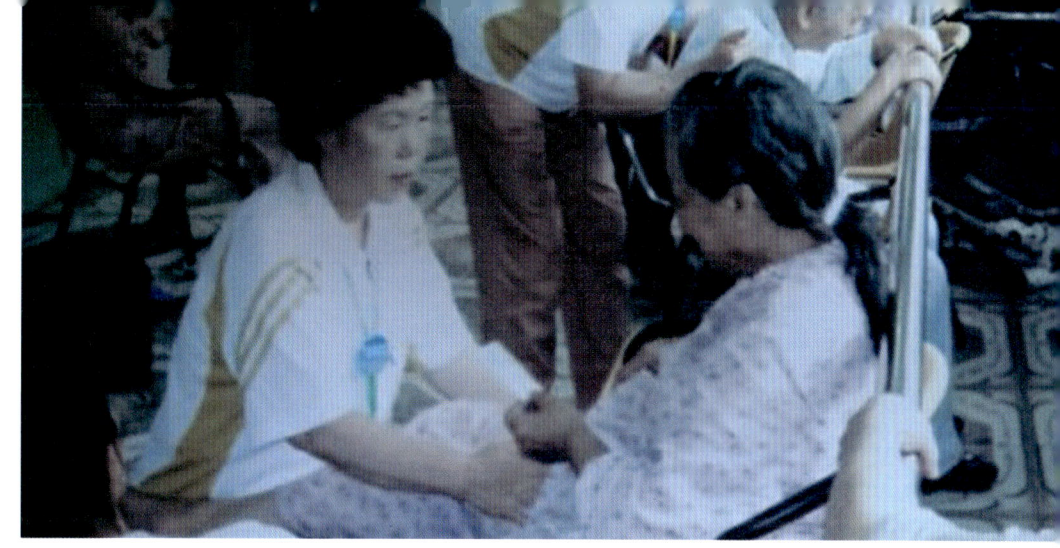

우리는 뜻과 손이 맞는 친구 칠팔 명이
무더운 여름 커다란 밥솥과 불판 앞에서
혼자 사시는 백여 명의 어른들 식사를 위해
땀을 뻘뻘 흘리면서도 마음만은 즐거웠다
봉사 기회가 주어진 것을 고맙게 생각하며
해마다 대량의 김장봉사도 재미있게 했다

엄마 손이 필요한 편부가정 자매인
여덟 살 하영이와 열한 살 나영이
자매의 목욕봉사를 맡게 되었다
대중탕을 처음 와 본다는 아이들의
헝클어진 머리에는 이와 서캐가 가득하니
더운물에 몸을 불려 깨끗이 씻기고

머리를 빗겨주면 내 마음도 밝아졌다
한 달에 두세 번씩 만나 모녀 흉내를 내며
살갑게 지내는 동안 아들만 기르던 나는
딸아이와 소통하는 것도 감동으로 다가왔다

4년여의 인연은 나영이가 중학생이 되고
남의 손이 필요 없어질 때까지 계속됐다
짜장면을 먹이고 골목 어귀에 내려주면
해맑게 웃으며 행복해하던 아이들
헤어질 때마다 "언제 또 만나요?"라며
아쉬워하던 모습이 눈에 선하다
지금쯤은 따뜻한 가정을 이룬 올곧은 성인이 되어
사회인으로 당당하게 살아가리라 생각하며
그 아이들의 앞날이 순탄하기를 기원한다

대구종합복지관의 봉사자 부족 연락을 받고
독거노인 말벗이 되어주는 봉사를 곁들였다
지금 내 나이보다 열 살은 더 젊었던
하은조 할머니는 어린 시절에 유복하여

남들은 꿈도 못 꾸는 유치원까지 다녔지만
노후가 쓸쓸하니 안쓰럽기 한량없었다
체구가 너무 작아 방 안에서만 생활하는
장애를 가진 분과 인연을 맺어 보살피는 동안
다른 봉사자를 거부해서 칠 년을 내왕했다
재당이 할머니의 임종을 지켜보기도 했고
동범이 할아버지 애틋한 연애담도 들으면서
나의 노후 모습을 가늠해 보기도 했다

홀트복지관 산하 다문화지원센터는
봉사자와 이용자 모두에게 한결같은
싹싹한 성격의 서정화 센터장이 이끈다
동남아 지역 젊은 결혼이주 여성들에게
한글과 우리 문화를 주로 가르쳐 주는 곳이다
남편 하나 믿고 우리나라까지 왔지만
그녀들은 여전히 상대적 약자였다
다른 문화의 토양에 뿌리내리는 일이
쉬울 리가 없겠지만 적응을 위하여
아기를 업고 와서 배우는 것을 보며

그녀들에게 한복과 한식과 한옥 등
전통문화 체험 기회를 주는 것이
좋을 것 같다고 센터장과 의논하였다

서문시장에서 오랫동안 한복업을 하고 있는
고향에서 같이 자란 친구 재선이가 있어
이 친구에게 이주여성들 이야기를 하고
도움받을 방법이 있을지 상의했더니
그 친구가 흔쾌히 앞장을 서 주었다
뛰어난 솜씨와 올곧은 인간관계로 쌓은
서문시장 4지구 한복 가게 사장님들도
비단결같이 고운 마음을 모아 주셨다
맞춰놓고 주인이 찾아가지 않은 옷이나
전시품 등 한복을 넉넉히 전해 주었다

다문화 여성 삼십여 명을 노송정에 초대하여
여성박약회원들과 같이 점심을 대접하고
평소에 입어보고 싶었지만 입지 못했던
몸에 맞는 고운 한복 한 벌씩을 골라 입혀서
고름 매는 법부터 기본적인 전통예절과
시어른께 절하는 법까지 알려 주었다
그녀들이 기뻐하던 모습을 기억하며
그때 귀한 한복을 기증해 주신 분들께
지면을 빌어 감사한 마음을 전하고 싶다

봉사는 뜻밖의 선물을 돌려주어
여러 차례 봉사상을 받기도 했는데
큰상으로 대구시장 봉사대상을 받으며
부상으로 베트남과 캄보디아를 다녀왔다
다른 수상자들과 함께한 9박 10일 동안
현지 여러 곳의 양로원과 고아원을 방문했는데
환경은 우리나라에 비해 열악한 편이었다
강물 위 판잣집에서 불편한 생활을 하며
우리가 탄 배 언저리에 매달려 구걸하던
아이들의 모습이 아린 기억으로 남아있다

여러 복지관 관장님과 헌신적으로 일하는
복지사들 모습을 25년여 동안 바라보면서
체계적인 사회복지학을 공부하는 계기가 되었다
돌아보면 나를 가장 크게 성장시킨 것은
선한 사람들과 함께했던 봉사였던 것 같다
우울한 일이 있을 때는 타인의 삶에 비추어
내 마음의 평정을 봉사에서 찾곤 했다
온혜로 들어오면서 활동을 그만두었지만
함께 하던 친구들이 지금까지 지속적으로
활동하는 모습에 고마움과 부러움이 교차한다
좋은 일이 있을 때나 큰 행사가 있으면
꼭 연락을 해주는 홀트복지관은 친정 같은 곳이다

건강검진과 코로나19 검사

2020년 7월 10일

서울삼성병원에 건강검진 예약하고

병원에서 보내온 문진표를 작성하면서

지병도 없었고 복용하는 약도 없어

건강에 아무런 문제가 없는데 괜히

큰돈 들여 검진할 필요가 있을까 싶었지만

나름대로 건강에 자신 있었으나 암에 대해서는

가족력이 있고 둘째아들의 강력한 권유도 있어

나이가 있으니 한 번쯤 검사해 보기로 했다

검진한 지 오륙 년이 되었나 싶었는데

마지막 기록이 십이 년 전 2008년이었네

일곱 시 반에 시작한 검사를 반쯤 받았을 때

폐 CT상 문제가 있다며 상담실로 급히 안내했다

호흡기내과 교수님 소견이 폐에 결절이

한두 군데 있고 거뭇거뭇한 점들이 있으니

내일 정밀검사를 해보자고 했다
의심쩍어 암인가 물었지만 정밀검사를
해봐야 안다는 말을 듣는 순간에
'나쁜 병명이 붙더라도 폐라서 다행이다.' 싶었다
오랜 시간 고생하는 다른 장기 질병보다
길게 끌지 않고 빠른 시일 끝날 수 있으니
이 나이에 내가 무엇이 두려우랴
다음날에 폐부분 정밀검사를 위해
코로나19 검사를 즉시 예약해 주었다

정문 옆 검사장에서 착잡한 기분으로
코로나19 검사를 받으니 집으로 곧장 가
다음 날 아침까지 격리를 하란다
여기서는 완전히 코로나 환자 취급이다
건성으로 듣고 과천 있는 이질녀네
치과에 가서 잇몸 치료를 받았다
치아 상태가 전보다 많이 나빠졌다며
과로를 피하고 체력을 잘 조절해야
치아도 건강하다고 희야는 신신당부했다

아들 집에 돌아와서야 본격적으로
코로나 전염 가능성에 대해 생각해 봤다
큰아들은 출장 중이라 의논이 안 되고
며늘애와 낮에 있었던 이야기를 다 했으나
속 깊은 애미는 그냥 묵묵히 들어 주었다

일주일 전 도산서원 세계유산등재
축하 음악회 관련하여 팔십여 명의
서울 손님 식사 대접해드린 일과
나흘 전에 사십여 명 가까운 숫자의
불천위 제관祭官 손님 접대했던 일
이틀 전 안동 시내 열네 명 모임 식사 등
일주일 동안 수많은 손님과 대면했다
특히 요즘 코로나가 성한 서울에서
팔십 명의 손님이 다녀간 것이 걸렸다
밤늦게 돌아온 아들도 그 문제를 지적했다
만약 내가 코로나19 확진자가 된다면
오백 명 정도는 추적 검사해야 될 것 같다
이 일을 어쩌나 내 생명보다 소중하고

금싸라기에도 비할 수 없이 귀중한
아들, 손자, 가족들은 어쩐단 말인가
가뜩이나 어려운 애비 회사 애미 병원
둘째가 장차 해야 할 결혼문제까지
불길한 생각이 꼬리를 물고 일어났다

때마침 TV에는 굵직한 정치인이 자살로
생을 마감하는 모습이 시시각각 방영됐다
지금까지 애면글면 다져온 이 터전이
한순간에 와르르 무너질까 두려웠다
나름대로 최선 다해 살아온 일생인데
만약에 확진자로 판명이 난다면
반사회적인 행동을 한 나쁜 사람으로
낙인 되어 누구에게도 이해받지 못한 채
난도질당할 내 삶이 보는 듯 그려지고
칠십 년이 넘도록 살아온 날들이
꺼져가는 호롱불처럼 서럽게 가물거렸다

코로나19 검사 결과가 나오기 전

불안한 마음에 한숨 잠도 못 잤다
검사 준비를 위하여 장 비우기로 지새웠던
전날 밤의 불면과는 비교조차 할 수 없다
아홉 시를 기다리다 핸드폰을 열었는데
여덟 시 구 분에 문자가 먼저 와 있었다
"귀하는 코로나19 검사 결과 음성입니다."
코로나로부터 자유로워졌다는 생각에
안도의 긴 한숨이 저절로 나왔다
말 대신 아들을 불러 문자를 보이고
긴장했던 가슴을 혼자 쓸어내렸다

건강검진 결과는 당장에는 특별한 게 없었다
3개월마다 정기적으로 살펴보며 가자고 한다
이만하면 다행이라 생각하며 감사한다
늙어가며 이 정도 병들기는 당연한 일이니
병이라도 손님처럼 대접하며 살아야겠다

늙음이 주는 편안함

논어 위정爲政편에
'칠십이종심소욕불유구
七十而從心所欲不踰矩'라는 구절이 있다
'칠십이 되어서는 마음 가는 대로 행동해도
법도를 넘지 않게 되었다.'는 뜻이다

눈곱이 낀들 무슨 걱정인가 노인인데
보다가 답답하면 닦아 주겠지
제때 기억을 못 해 한참 더듬거려도
더러는 음식을 먹다가 흘려도
물건 찾아 이리저리 가방을 뒤적여도
조금 전에 했던 말을 금방 잊고 또 해도
어려운 한문이나 알파벳을 몰라도
별로 걱정 없다 이제는 늙은이니까
옷장 정리를 야무지게 안 해도 상관없다
나 없어지면 알아서 다 태울 테니까
손때 묻은 살림도 애써 정리할 필요 없다

주인이 바뀌면 몽땅 재정비할 거니까

참으로 먼 길을 바쁘게 지나왔다
인생이란 도로 위를 장거리 운행하며
무리한 비보호 좌회전도 수없이 했지만
이제는 자주 브레이크를 밟는 나이
숨 고르며 되돌아보니 헛헛한 삶이다

삼 년 전, 내 앞 종가에서
청계靑鷄 아홉 마리를 분양받아서
더러는 키워서 잡아먹기도 했지만
해마다 봄가을로 부화한 병아리가
보태지니 지금은 이십여 마리다
어미 닭이 알을 여남은 개 품으면
너댓 마리씩 병아리가 나온다
늦봄에 병아리 네 마리를 부화하여

한 달 정도 어미가 끼고 있었는데
무슨 연유인지 어느 날 어미가 죽었다
석 달이나 지났는데도 그 병아리 사형제만
똘똘 뭉쳐 어두운 구석에 몰려 다닌다
저희들끼리만 다른 닭과 분리되어
있는 것을 보면서 애연哀然하기 짝이 없다
미물인 병아리도 어미 그늘 영향이
저다지도 큰가 싶어 가슴이 아리다

최근에는 어미 닭 두 마리가 아홉 개의
알을 품어 병아리 세 마리가 나왔다
겨우 이삼일 만에 홍진紅疹에 걸렸는지
초학初瘧에 걸렸는지 두 마리를 없앴는데
어미 닭 두 마리가 남은 새끼 한 마리를
애지중지 공동 육아하느라 여념이 없다
행여 어린 것이 딴 놈들에 치일세라
감싸는 모습이 나를 미소 짓게 한다

올봄에는 시간적 여유가 많이 생겨

집 뒷밭에 밤나무와 대추나무도 심고
자두며 복숭아와 석류나무 등
여러 가지 과일나무 묘목을 심었다
뒷날 손자들이 고향 찾아왔을 때
번거롭게 먼 곳까지 사러 가지 않고도
쉽게 따 먹으리라 상상하며 흐뭇한 마음으로
'내일 말세가 와도 사과나무를 심는다.'던
스피노자를 따라 흉내를 내 보았다
이 나무에서 손자들이 과일을 따 먹을 때나
보잘 것 없으나마 내가 남긴 글을 읽으며
가끔씩 이 할머니를 추억해 주기를
바라는 것은 과한 욕심은 아니리라

추수 끝난 들판처럼

이제야 나이 들어 지난 세월 돌아보니
안타까울 일은 없고 늙어서 참 편하다
손가락은 마디마디 통증이 깊어지나
잠들지 않는 한 잠시라도 쉬지 않고
슬프면 슬픈 대로 기쁘면 기쁜 대로
손가락이 휘어지고 손마디는 틀어지고
지문이 다 닳아서 인식조차 못 할 만큼
내 몸에 자리한 죄로 쉬지 못한 탓이리라
세월 안고 흘린 눈물 흔적 없이 말라 가니
이제야 몸 아픈들 무슨 걱정 할 것이며
맘 상하며 간장 녹일 일인들 있겠는가
명주꾸리 같이 끝 모르던 긴 세월을
요즘에는 털실같이 헤프게 풀어낸다
긴 여정 잘도 왔다 이만해도 다행이라

남편이 잠깐씩 걱정도 되지만

오십 년이 가깝도록 살아온 세월 동안
살뜰함도 배려심도 표현 없는 사람이니
빚지고 살았다는 생각은 안 하련다
어쩌면 아들들에게 큰 짐을 떠넘기고
갈 것이라 생각하면 조금은 우울하다
그 또한 아들 몫이니 순리에 따라야지
교과서 같은 둘째는 의사 처방이라면
잠든 나를 깨워서 수면제를 먹일 만큼
효성이 지극하니 올곧은 성품으로
소신껏 살겠거니 미루어 생각한다

허겁지겁 칠십여 년 정답 없는 생을 살며
집착과 외면의 굴레를 쓰고 왔네
최선을 다하면서 사랑하고 아꼈지만
표현력의 부족으로 진심을 못 전하여
서로를 찌르는 가시로도 작용했으리

나와 같은 속도로 안 간다고 채근採根하고
나와 같은 방향을 안 본다고 닦달하며
내 주위에 사람들을 힘들게도 했겠구나
남편은 차라리 인근에서 서로 잘 아는
배우자를 택했다면 훨씬 더 맘 편하게
대우받고 살았을 것이라고 생각하면
가끔씩은 미안한 마음도 일어난다

아들은 엄마가 오래 살아야 할 이유가
아버지 혼자 남으면 돌볼 사람 없기 때문
남 보기에 그럴싸한 것과는 많이 다른
내 마음속 가득한 공허가 슬퍼진다
추수 끝난 빈 들판에 홀로 선 마음으로
'행복도 내가 만든 것이네
불행도 내가 만든 것이네
진실로 그 행복과 불행
다른 사람이 만드는 것 아니네.'라는
부처님의 말씀 한 구절을 떠올려 본다
'미지생 언지사 未知生 焉知死'

즉 '삶도 잘 모르는 처지에 어떻게
죽음을 이야기할 수 있을까.'라는
논어 속 공자의 말씀도 생각난다

때로는 힘에 겨운 세파를 등에 지고
바람 향해 던진 흙이 오히려 자신을
괴롭힌 경우도 더러는 있었겠지만
어렵게 견뎌온 시간들을 생각하니
여기까지 무사히 온 세월에 대하여
안도감과 감사함과 씁쓸함이 함께하니
남은 날들 바닷속에 출렁이는 달빛같이
선택도 결정도 불평이나 불만도
무리 없이 자연스레 살아가길 바라본다

지난해 삼대가 동행한 제주도 여행 중에
아침 일찍 노크하며 며느리가 들어와서
불편한 건 없었는지 필요한 건 무엇인지
안부를 물은 후에 일정을 의논하니
옛 법으로 치자면 며느리의 새벽 사관이라

내리사랑 절로 일고 흐뭇하기 그지없다
운전하는 애비 옆에 다정하게 앉아서
행선지를 정하고 맛집을 검색하며
재빠르게 의논하고 부드럽게 협조하니
동행하는 우리들이 편하고도 즐겁다

오래전 미국 여행에서 나 홀로 힘겹게
삼부자를 소쿠리에 담아 이고 다닌 듯한
아스라한 추억과 비교되어 흐뭇하다
늙음이 돌려주는 안도감과 여유로
맘속에 든 집착을 내려놓아 볼까 한다

대부분의 사람들이 잘 모르는 대부분의 용기있는 사람들의 선택의 한가지에 마음이 아프다 해서 쉽상에서 아무렇지 않아서 강인하게 괜찮은 척 하는 용기이다.

6장

헌사 獻辭

노송정의 종부는

노송정의 소나무는 언제나 그 자리에 서 있다
봄, 여름, 가을, 겨울, 언제나 그 자리에 서 있다
세월의 흐름도, 역사의 변화에도, 언제나 그 자리에 서 있다

노송정의 여인들도 언제나 그 자리에 머물렀다
봄바람이 불어도, 폭풍이 몰아쳐도
낙엽이 떨어지고, 흰 눈이 쌓여도
노송정의 여인들은 언제나 노송정을 안고 살았다

사계절의 흐름도 오백 년의 세월에도 꿈쩍 않는 저 노송처럼
세월의 변화에도 밀물처럼 밀려오는 문화의 물결에도
노송정의 여인들은 꿈을 접고, 눈을 감고, 귀를 막았으리라

한국을 지키는 종손의 여인이여, 아내여, 어머니여
그대들이 가진 꿈을 인고의 긴 세월에 고이 접어
12폭 다홍치마에 숨겨 놓았으리라
사랑스러운 여인이여, 종가의 종부여, 한국의 여인이여

한국의 모든 종부들의 목마 같은 희생은
저 노송의 숨결과 함께 영원히 살아 숨 쉬리라
그대들의 아름다운 노고는 영원히 사랑받으리라

2009년 5월 노송정에서

여울 권순자 드림

노송정 종부 헌사

한국의 종부는 한 가문의 여성 대표이며
그 지역을 상징하는 퍼스트레이디요
내다 버린 고풍과 불편함을 지켜가는
우리 문화 계승자며 무형의 예술인이다
관혼상제 예법과 가풍을 수호 전승하고
전통음식 의상과 고택을 지켜나간다
안으로 내는 인심 일문 화합 유지하고
밖으로는 지역사회 융화를 이끌어낸다

종가의 허다 제사 주관하는 여사제요
예로 치면 궁중의 내명부의 수장이요
대종손이 대외적인 종가의 대표자라면
종부는 핵심이며 요즘 말로 코어이다
권위를 다하고 퇴락하는 유럽 왕실처럼
무한 책임만 있고 권리가 사라진 시대
오래된 언약으로 노송정의 종부되니

육백 년 대 고택의 막중 책임 어이하리
알듯 말듯 한 나이에 큰살림을 도맡아서
영천 최씨 법산종가 보고들은 범백들이
가가례례 달랐으니 하늘 알고 땅도 아는
태산 같은 그 심사를 아무도 모르리라

자만을 멀리하고 겸공謙恭으로 석복惜福하고
말은 다 하지 못하고 복은 끝까지
누리지 않았으며 세력에 기대지도
않았으며 일에 끝을 보지도 않았다
자나 깨나 여리박빙如履薄氷 자숙자계自肅自戒 하였으매
무족지언無足之言 비천리飛千里라 말 한마디 행동거지
친정 부모 생각하여 진심갈력 불문가지
신구를 겸했어도 어디에서 드러내며
성인도 시속을 따르라는 노사구의
말씀조차 고이 접어 심규에 감춰두고

오로지 가문과 남을 위한 희생봉사
그 시절 지나가니 적선지가積善之家 필유여경必有餘慶
인생은 수학처럼 한치 어김없더이다

대자연의 법칙처럼 뿌린 만큼 거두리라
깊은 통찰과 지혜로 타인의 본이 되고
대구 경북뿐 아니라 전국적 국제인물
글로컬 퍼스트레이디라 해도 무난하리
혼자 잘난 사람은 하늘 별 보다 많아서
모래 위에 새긴 누각 허뿌게 무너져도
남을 먼저 배려하고 돌보아서 쌓인 공덕
흠집 낼 사람 없이 켜켜이 모였으니
반석 같은 이름 석자 영세불망永世不忘 전하리라
다만 하나 바라노니 복수안강福數安康 하시어서
소녀같이 앳된 모습 오랫동안 간직하여
모두에게 귀감 되어 따르게 하옵시고
화봉삼축華封三祝 복된 여생 아낌없이 누리소서

혜완 장향규 근서

소현당 선생님께

내방가사 경창대회 무대 위에 곱게 앉아
눈물을 지으시며 소회가를 읽으시던
종부님을 처음 뵌 지 팔 년이 되었어요
설마 제가 종부님과 교류하게 될 거라고
어찌 감히 상상이나 할 수 있었을까요
내방가사 인연으로 박약회에 가입하고
대구여성 박약회 회장님인 종부님을
지척에서 뵈오며 모범으로 삼게 됐죠
긍정적인 생각과 넉넉하신 인품으로
적극적인 사회활동하시는 모습 보며
저 멀리 계실 거라 생각했던 종부님이
나날이 한두 걸음 가깝게 느껴졌죠

우리나라 대표적인 한 문중의 안주인이
종부 소임 다하기도 벅찬 일이 분명한데
사회에서 맡은 역할 남다르게 해내시니

이 시대가 요구하는 사회의 어른으로
만인의 존경받는 타고나신 여장부요
겉모습은 평범하나 비범한 그 언행은
하늘이 내린다는 대종부의 면모셨죠
가사반의 대소사에 온혜에서 대구까지
먼 길을 지척인 듯 참석하고 격려하시며
위아래를 아우르니 회원들도 힘을 얻어
'영남내방가사 연구회'로 발돋움하게 됐죠

뒤늦게 시작하여 내방가사 한답시고
장님처럼 허둥대며 길을 찾는 제 앞에서
이리저리 길 트시며 등불을 밝히셨고
가사반을 꾸려가며 어려운 일 생길 때면
비빌 언덕 되어주신 든든한 인생 선배
어디에 계실 때나 무엇을 하실 때나
주인 정신 발휘하여 큰 틀 놓고 이루시니
진심으로 존경하는 스승이 되시었고
사소한 개인사는 사랑으로 베푸시니
사람 사이 마음 틈에 다리 놓는 친구셨죠

종부 도리 딸 된 도리 어김없이 다 하시고
아내와 어머니로 시간을 쪼개가며
긴 세월 살아내신 이력을 풀어내니
일생 동안 몸에 밴 겸양이 지나치나
독자들은 행간에서 미루어 짐작하리
후세에 길이 빛날 글을 엮어내심에
마음을 다하여서 축하를 드립니다

2021년 봄날에

한들 권숙희 드림

어머니를 생각하며

누구나 어머니에 대한 생각은 특별할 것입니다. 더구나 우리 집은 노송정 종가로 유서 깊은 전통을 지켜오고 있으며 어머니가 종부이시니 더욱 그렇습니다. 종손 종부가 중심인 문중 일과 봉제사 접빈객 중 한 가지도 허투루 할 수 없기에 어머니는 항상 바쁘셨으나 힘든 내색 없이 열정적으로 그 많은 일을 해내셨습니다. 지난 수십 년간 노송정에 많은 발전이 있었습니다. 수차례에 걸친 종택 보수공사와 노송정 국가문화재 승격, 수곡 제사 중건, 요산정 이전 등의 큰일이었습니다.

불천위를 비롯한 여러 제사에 임하실 때 어머니께서는 언제나 정성을 다 하셨습니다. 손님이 오시면 "따뜻한 차라도 한 잔 대접해야지."라며 수많은 손님들도 빈 입으로 보내지 않으려 애를 쓰셨습니다. 고택음악회 때는 출연자와 스텝을 모두 불러 식사를 대접했는데 140명이 넘었다고 하셨습니다. 특히, 제 기억에는 오랜 병환 중인 할머니를 모시던 어머니의 모습을 잊을 수 없습니다.

어머니는 많은 일 중에도 자식 교육에 힘쓰셔서 아들들과 며느리까지 모두 박사학위를 받을 수 있게 하셨습니다. 기숙사 생활을 하던 고등학교 시절 내내 '공부는 체력'이라며 텃밭에서 키운 채소로 만든 녹즙을 가져다주셨습니다. 참으로 번거로운 일이었겠지만 하루도 빠짐이 없으셨고 친구들이 모두 부러워했습니다. 지금 생각해도 어머니의 자식 사랑은 남다르십니다. 결혼 후에도 힘닿는 데까지 도와주시겠다며 십여 년간 손주를 돌봐 주셨습니다. 덕분에 아내도 일과 박사 과정을 병행하여 제때 개원할 수 있었습니다.

저는 부끄럽게도 어머니가 글쓰기를 좋아하신다는 것을 뒤늦게야 알았습니다. 결혼 때 며느리한테 보내신 편지를 보며 저는 몰래 눈시울을 붉혔고 답신을 쓰는 아내의 모습을 보면서 어머니에 대해 조금 더 알고 이해하게 되었습니다. 유림 책자나 박약회지 등에 한 번씩 기고하시는 모습을 보면서 '이 글이 모이면 우리 집 역사가 되겠구나.'라고 생각한 적은 있었습니다. 하지만 이번에 정리하신 글을 보여주셨을 때 깜짝 놀랄 만큼 '많은 일을 해 오신 걸 모르고 지나갈 뻔했구나.'라는 생각을 했습니다.

특히, 내방가사 운율에 맞춰 쓰신 글은 읽으면서 흥도 나고, 그때그때의 상황이 머릿속에 잘 그려져서 몰입하게 되었습니다. 노속주 상품화처럼 집안의 중요한 일들과 어린 시절 무척이나 귀여워해 주셨던 증조할아버지, 할머니와 외할아버지, 외할머니에 대한 기억, 그리고 말씀으로만 듣던 어머니가 처음 노송정으로 오시던 시절에 대한 이야기들이 눈앞에 선하게 그려졌습니다. 생소한 단어들이 많았음에도 아직 어린 손자 정환이, 정익이가 단숨에 읽어나가는 모습을 보면서 대대로 전할 집안 역사서가 생겼음에 소중함과 감사함을 느낍니다.

어머니 그동안 고생 많으셨습니다. 지금 제가 맡은 일에 혼신을 다한 열정을 쏟을 수 있는 것도 알고 보면 9할은 어머니로부터 물려받은 긍정적이고 열성적인 성격 덕분일 것입니다. 아직은 많이 부족하지만, 어머니의 아들로 부끄럽지 않게 살아갈 수 있도록 노력하겠습니다.

2021년 봄

큰아들 치헌 올림

❀ 어머니 감사합니다

우리 어머니께서 쓰신 글이 책으로 나온다니 더없이 기쁩니다. 글을 읽으며 어릴 때 일을 돌이켜보니 여러 가지 기억들이 새롭습니다. 우리는 친가와 외가가 모두 불천위 종가인데 어머니는 그 복잡하고 많은 일을 사랑과 정성으로 묵묵히 해오셨습니다. 이제 보니 저는 어려서 무심코 지나친 일도 어머니께는 크게 의미 있는 일이었다는 것을 새삼 느낄 수 있습니다. 그중에서도 특히 할머니와의 기억이 어제 일 같습니다. 고부간은 당연히 그런 사이인 줄 알았는데 살다 보니 점점 어머니가 위대하게 느껴집니다. 그 와중에 외할머니 외할아버지 병수발까지 어김없이 해내신 어머니가 제겐 큰 자랑입니다.

어머니께서는 우리 형제를 올곧게 길러 주셨습니다. 우리 집에 여자는 어머니와 형수뿐이라 어머니를 닮은 딸이 있으면 더 좋겠지만, 딸 같은 형수가 있으니 그나마 다행입니다. 어머니는 둘째아들인 저를 바르게 길러주셨습니다. 형은 스스로 알아서 잘 컸지만 저 때문에 많이 힘드셨지요. 이제는 별 문제 없이 살고 있으니 모두 어머니 덕분입니다. 어머니는 제가 공부하러 서울로 갈 때 "체면과 염치를 알면, 어디 가서도 나쁜 소리 안 듣는다."고 당부하셨지요. 나이 들어가면서 그 말의 의미를 알게 되었고 아직 많이 부족하지만 노력하고 있습니다.

어머니께서 안으로 종부의 역할을 잘 해 주시고 대외적으로 우리 집안을 더욱 빛내주셔서 고맙습니다. 한 겨울에 수도배관이 터져 정지 바닥에 언 얼음을 깨던 기억, 반나절을 이웃집에서 양동이에 물을 담아 날랐던 일, 따뜻한 물이 안 나와서 샤워를 못하고, 화장실도 못 간 것이 10년 전 일이지만 아직도 기억이 선명합니다. 그때에 비하면 요즘은 집 수리가 잘 되어 정말 살기 좋아졌지요. 무심한 경상도 남자인 아버지와 함께 잘 지내시는 것도 어머니의 희생 덕분이라 감사히 생각합니다. 부모님께서 지금같이 서로 의지하면서 오래오래 건강하고 행복하시면 우리 형제 가족들도 늘 행복할 수 있을 것 같습니다.

저는 아버지가 45세 되시던 해 아버지도 우리와 같은 사람이란 것을 처음으로 알았습니다. 그때 어머니는 43세셨고, 어느새 저도 43살이 되었습니다. 아직 세상을 많이 모르고 배움도 부족하지만, 어머니가 생각하고 고민한 일들이 조금은 이해가 되는 나이입니다. 항상 가문과 가족을 위해 희생하시는 우리 어머니. 어릴 때는 다소 벅찬 관심이 부담스럽기도 했지만 이제는 그 사랑이 우리 가족을 이끌어주는 원천임을 알게 되었습니다. 어머니의 사랑과 희생에 감사하면서 때로는 마음이 아프기도 합니다. 대학, 군대, 대학원, 취업 등 제 삶의 중요한 모든 일에 함께하신 어머니 감사합니다.

2021년 4월

작은아들 **치주** 올림